1+X 职业技能鉴定考核指导手册

U0839783

物流师

（国际货代）

三级

编审委员会

主　　任　仇朝东

委　　员　葛恒双　顾卫东　宋志宏　杨武星　孙兴旺
　　　　　刘汉成　葛　玮

执行委员　孙兴旺　张鸿樑　李　晔　瞿伟洁

中国劳动社会保障出版社

图书在版编目(CIP)数据

物流师：国际货代．三级/上海市职业培训研究发展中心组织编写．—北京：中国劳动社会保障出版社，2012

1＋X 职业技能鉴定考核指导手册

ISBN 978-7-5045-9492-1

Ⅰ.①物… Ⅱ.①上… Ⅲ.①国际货运-货运代理-职业技能-鉴定-自学参考资料 Ⅳ.①F511.41

中国版本图书馆 CIP 数据核字(2012)第 024061 号

中国劳动社会保障出版社出版发行

（北京市惠新东街 1 号　邮政编码：100029）

出 版 人：张梦欣

*

三河市华骏印务包装有限公司印刷装订　新华书店经销

787 毫米×960 毫米　16 开本　16 印张　262 千字

2012 年 3 月第 1 版　2018 年 6 月第 2 次印刷

定价：32.00 元

读者服务部电话：（010）64929211/64921644/84626437

营销部电话：（010）64961894

出版社网址：http://www.class.com.cn

前　言

职业资格证书制度的推行，对广大劳动者系统地学习相关职业的知识和技能，提高就业能力、工作能力和职业转换能力有着重要的作用和意义，也为企业合理用工以及劳动者自主择业提供了依据。

随着我国科技进步、产业结构调整以及市场经济的不断发展，特别是加入世界贸易组织以后，各种新兴职业不断涌现，传统职业的知识和技术也越来越多地融进当代新知识、新技术、新工艺的内容。为适应新形势的发展，优化劳动力素质，上海市人力资源和社会保障局在提升职业标准、完善技能鉴定方面做了积极的探索和尝试，推出了1+X培训鉴定模式。1+X中的1代表国家职业标准，X是为适应上海市经济发展的需要，对职业标准进行的提升，包括了对职业的部分知识和技能要求进行的扩充和更新。上海市1+X的培训鉴定模式，得到了国家人力资源和社会保障部的肯定。

为配合上海市开展的1+X培训与鉴定考核的需要，使广大职业培训鉴定领域专家以及参加职业培训鉴定的考生对考核内容和具体考核要求有一个全面的了解，人力资源和社会保障部教材办公室、中国就业培训技术指导中心上海分中心、上海市职业培训研究发展中心联合组织有关方面的专家、技术人员共同编写了《1+X职业技能鉴定考核指导手册》。该手册由“理论知识复习题”“操作技能复习题”和“理论知识模拟试卷及操作技能模拟试卷”三大块内容组成，书中介绍了题库的命题依据、试卷结构和题型题量，同时从上海市 1+X 鉴定题库中抽取部分理论知识题、操作技能试题和模拟样卷供考生参考和练习，便于考生能够有针对性地进行考前复习准备。今后我们会随着国家职业标准以及鉴定题库的提升，逐步对手册内容进行补充和完善。

本系列手册在编写过程中，得到了有关专家和技术人员的大力支持，在此一并表示感谢。

由于时间仓促，缺乏经验，如有不足之处，恳请各使用单位和个人提出宝贵意见和建议。

1+X职业技能鉴定考核指导手册

编审委员会

目　录

CONTENTS　1+X职业技能鉴定考核指导手册

物流师职业简介

一、职业名称

物流师（国际货代）。

二、职业定义

在国际商务中接受进出口货物收货人、发货人的委托，以委托人或自己的名义，组织、实施和协调海陆空等运输过程，代办租船、订舱、配载、缮制有关单证、报关、报验、保险、集装箱运输、拆装箱、签发提单、结算运杂费等国际货物运输及相关业务以及准备从事上述经济活动的业务人员。

三、主要工作内容

从事的工作主要包括：（1）国际货物运输操作业务；（2）国际货物运输业务管理；（3）国际货物运输单证制作；（4）国际多式联运；（5）报关；（6）报检；（7）保险。

第1部分

物流师（国际货代）（三级）鉴定方案

一、鉴定方式

物流师（国际货代）（三级）的鉴定方式分为理论知识考试和操作技能考核。理论知识考试采用闭卷计算机机考方式，操作技能考核采用现场实际操作方式。理论知识考试和操作技能考核均实行百分制，成绩均达60分及以上者为合格。理论知识或操作技能不及格者可按规定分别补考。

二、理论知识考试方案（考试时间90 min）

题型＼题库参数	考试方式	鉴定题量	分值（分/题）	配分（分）
判断题	闭卷机考	40	0.5	20
单项选择题		120	0.5	60
多项选择题		20	1	20
小计	—	180	—	100

三、操作技能考核方案

考核项目表

<table>
<tr><td colspan="2">职业（工种）名称</td><td colspan="2">物流师（国际货代）</td><td rowspan="2">等级</td><td colspan="3" rowspan="2">三级</td></tr>
<tr><td colspan="2">职业代码</td><td colspan="2"></td></tr>
<tr><td>序号</td><td>项目名称</td><td>单元编号</td><td>单元内容</td><td>考核方式</td><td>选考方法</td><td>考核时间（min）</td><td>配分（分）</td></tr>
<tr><td rowspan="5">1</td><td rowspan="5">海上运输实务</td><td>1</td><td>海运整箱货出口运输操作</td><td>操作</td><td>必考</td><td>30</td><td>20</td></tr>
<tr><td>2</td><td>海运整箱货进口运输操作</td><td>操作</td><td>必考</td><td>10</td><td>10</td></tr>
<tr><td>3</td><td>海运拼箱货运输操作</td><td>操作</td><td>必考</td><td>10</td><td>10</td></tr>
<tr><td>4</td><td>海运散货包舱运输操作</td><td>操作</td><td>必考</td><td>10</td><td>10</td></tr>
<tr><td>5</td><td>海运风险防范和异常情况处理</td><td>操作</td><td>必考</td><td>10</td><td>10</td></tr>
<tr><td rowspan="2">2</td><td rowspan="2">航空运输实务</td><td>1</td><td>包舱包板运输操作</td><td>操作</td><td>必考</td><td>10</td><td>10</td></tr>
<tr><td>2</td><td>特种货物运输操作</td><td>操作</td><td>必考</td><td>15</td><td>10</td></tr>
<tr><td>3</td><td>其他运输实务</td><td>1</td><td>国际多式联运运输操作</td><td>操作</td><td>必考</td><td>10</td><td>10</td></tr>
<tr><td rowspan="2">4</td><td rowspan="2">报关实务</td><td>1</td><td>进口报关单制作与审核</td><td>操作</td><td rowspan="2">抽一</td><td rowspan="2">15</td><td rowspan="2">10</td></tr>
<tr><td>2</td><td>出口报关单制作与审核</td><td>操作</td></tr>
<tr><td colspan="6">合计</td><td>120</td><td>100</td></tr>
<tr><td>备注</td><td colspan="7">目前提供“北京络捷斯特”国际货代软件供考生使用</td></tr>
</table>

第 2 部分

鉴定要素细目表

职业（工种）名称					物流师（国际货代）	等级	三级
职业代码							
序号	鉴定点代码				鉴定点内容		备注
	章	节	目	点			
	1				基础知识		
	1	1			物流基本概念		
	1	1	1		物流基本概念		
1	1	1	1	1	物流的定义		
2	1	1	1	2	物流的分类		
3	1	1	1	3	物流要素的内容		
	1	2			货运代理知识		
	1	2	1		代理知识		
4	1	2	1	1	委托代理的定义		
5	1	2	1	2	授权委托书的内容		
6	1	2	1	3	授权不明的法律责任		
7	1	2	1	4	转委托的定义		
8	1	2	1	5	表见代理的法律后果		
9	1	2	1	6	委托人的损害赔偿责任		
10	1	2	1	7	受托人的赔偿责任		
11	1	2	1	8	委托代理权终止的情形		
	1	2	2		国际货运代理知识		

续表

职业（工种）名称					物流师（国际货代）	等级	三级
职业代码							
序号	鉴定点代码				鉴定点内容		备注
	章	节	目	点			
12	1	2	2	1	国际货运代理行业组织的性质		
13	1	2	2	2	作为代理人的货运代理的权利义务		
14	1	2	2	3	作为当事人的货运代理的权利义务		
15	1	2	2	4	货运代理是代理人还是当事人的识别标准		
16	1	2	2	5	国际货运代理责任风险的内容		
17	1	2	2	6	防止或减少国际货运代理责任风险的措施		
18	1	2	2	7	FIATA 有关货运代理责任的主要规定		
	1	3			货物知识		
	1	3	1		货物的特性		
19	1	3	1	1	适合海运的货物性质		
20	1	3	1	2	适合空运的货物性质		
21	1	3	1	3	适合公路运输的货物性质		
22	1	3	1	4	适合铁路运输的货物性质		
23	1	3	1	5	适合集装箱化的货物性质		
24	1	3	1	6	危险品货物的分类		
25	1	3	1	7	危险品货物的特性		
26	1	3	1	8	危险货物的标记		
27	1	3	1	9	商品运输包装的要求		
28	1	3	1	10	商品运输包装的材料选择		
29	1	3	1	11	运输包装收发货的标志		
	1	3	2		货物的丈量		
30	1	3	2	1	货物的重量		
31	1	3	2	2	普通货物的丈量方法		
32	1	3	2	3	特殊货物的丈量方法		
33	1	3	2	4	货物积载因素		
	1	4			国际贸易实务基础		

续表

职业（工种）名称					物流师（国际货代）	等级	三级
职业代码							
序号	鉴定点代码				鉴定点内容		备注
	章	节	目	点			
	1	4	1		国际贸易术语		
34	1	4	1	1	贸易术语的含义		
35	1	4	1	2	贸易术语的作用		
36	1	4	1	3	有关贸易术语的国际贸易惯例的种类		
37	1	4	1	4	《2000 年国际贸易术语解释通则》的贸易术语		
38	1	4	1	5	《2010 年国际贸易术语解释通则》贸易术语的划分		
39	1	4	1	6	FOB 的定义		
40	1	4	1	7	FOB 应注意的问题		
41	1	4	1	8	FOB 的变形		
42	1	4	1	9	CFR 的定义		
43	1	4	1	10	CFR 应注意的问题		
44	1	4	1	11	CFR 的变形		
45	1	4	1	12	CIF 的定义		
46	1	4	1	13	CIF 应注意的问题		
47	1	4	1	14	CIF 的变形		
48	1	4	1	15	FCA 的定义		
49	1	4	1	16	FCA 应注意的问题		
50	1	4	1	17	FOB 与 FCA 的比较		
51	1	4	1	18	CPT 的定义		
52	1	4	1	19	CPT 应注意的问题		
53	1	4	1	20	CFR 与 CPT 的比较		
54	1	4	1	21	CIP 的定义		
55	1	4	1	22	CIP 应注意的问题		
56	1	4	1	23	CIF 与 CIP 的比较		
57	1	4	1	24	EXW 的定义		
58	1	4	1	25	DAF 的定义		

续表

职业（工种）名称					物流师（国际货代）	等级	三级
职业代码							
序号	鉴定点代码				鉴定点内容		备注
	章	节	目	点			
59	1	4	1	26	DES 的定义		
60	1	4	1	27	DEQ 的定义		
61	1	4	1	28	DDU 的定义		
62	1	4	1	29	DDP 的定义		
63	1	4	1	30	贸易术语的风险大小		
	1	4	2		国际贸易货款的收付		
64	1	4	2	1	汇票的定义		
65	1	4	2	2	汇票的当事人		
66	1	4	2	3	汇票的内容		
67	1	4	2	4	汇票的种类		
68	1	4	2	5	汇票的票据行为		
69	1	4	2	6	本票的定义		
70	1	4	2	7	本票和汇票的区别		
71	1	4	2	8	支票的定义		
72	1	4	2	9	支票的种类		
73	1	4	2	10	支票和汇票的区别		
74	1	4	2	11	汇付的概念		
75	1	4	2	12	汇付的种类		
76	1	4	2	13	办理汇付的程序		
77	1	4	2	14	托收的定义		
78	1	4	2	15	托收的种类		
79	1	4	2	16	办理托收的程序		
80	1	4	2	17	托收统一规则的内容		
81	1	4	2	18	信用证的定义		
82	1	4	2	19	信用证的种类		
83	1	4	2	20	信用证当事人的责任		

续表

职业（工种）名称					物流师（国际货代）	等级	三级
职业代码							
序号	鉴定点代码				鉴定点内容		备注
	章	节	目	点			
84	1	4	2	21	办理信用证的程序		
85	1	4	2	22	跟单信用证统一惯例的内容		
86	1	4	2	23	托收与信用证支付方式比较		
87	1	4	2	24	各种支付方式的结合使用		
	1	5			法律法规知识		
	1	5	1		海上运输相关法规		
88	1	5	1	1	《海牙规则》的定义条款		
89	1	5	1	2	《海牙规则》的承运人适航义务		
90	1	5	1	3	《海牙规则》的承运人管货义务		
91	1	5	1	4	《海牙规则》的提单法定记载事项		
92	1	5	1	5	《海牙规则》的货物灭失或损害的通知		
93	1	5	1	6	《维斯比规则》的承运人责任限制丧失条件		
94	1	5	1	7	《维斯比规则》对承运人的雇佣人员或代理人的诉讼		
95	1	5	1	8	《汉堡规则》的承运人对货物的责任期间		
96	1	5	1	9	《汉堡规则》的承运人责任基础		
97	1	5	1	10	我国《海商法》有关货物运输的主要条款		
	1	5	2		航空运输相关法规		
98	1	5	2	1	《华沙公约》的“国际运输”定义		
99	1	5	2	2	《华沙公约》的航空货运单的证据效力		
100	1	5	2	3	《华沙公约》的托运人运输合同变更权		
101	1	5	2	4	《华沙公约》的收货人权利		
102	1	5	2	5	《华沙公约》的收货异议规定		
103	1	5	2	6	我国《民用航空法》有关货物运输的主要条款		
	1	6			国际货代英语		
	1	6	1		货代基础知识英语		
104	1	6	1	1	FOB，CFR 和 CIF 贸易术语		

续表

职业（工种）名称					物流师（国际货代）	等级	三级
职业代码							
序号	鉴定点代码				鉴定点内容		备注
	章	节	目	点			
105	1	6	1	2	FCA，CPT 和 CIP 贸易术语		
106	1	6	1	3	装运条款含义		
107	1	6	1	4	装运条款内容		
108	1	6	1	5	国际贸易的主要单据		
109	1	6	1	6	信用证内容和种类		
	1	6	2		货代专业英语		
110	1	6	2	1	提单概念		
111	1	6	2	2	提单种类		
112	1	6	2	3	航空运单		
113	1	6	2	4	海运单证		
114	1	6	2	5	集装箱单证		
115	1	6	2	6	国际多式联运单证		
	2				海上运输		
	2	1			海上运输基础知识		
	2	1	1		班轮运输的基本概况		
116	2	1	1	1	班轮运输的特点		
117	2	1	1	2	船期表的内容		
	2	1	2		班轮运价		
118	2	1	2	1	班轮运价的特点		
119	2	1	2	2	影响运价的主要因素		
120	2	1	2	3	班轮运费结构		
121	2	1	2	4	班轮运费的计费标准		
122	2	1	2	5	班轮运费的计算方法		
123	2	1	2	6	班轮运费附加费计算		
124	2	1	2	7	班轮运费支付方式		
125	2	1	2	8	班轮运费支付时间		

续表

职业（工种）名称					物流师（国际货代）	等级	三级
职业代码							
序号	鉴定点代码				鉴定点内容		备注
	章	节	目	点			
	2	1	3		国际航线分布		
126	2	1	3	1	航线的分类		
127	2	1	3	2	太平洋航线涉及港口		
128	2	1	3	3	印度洋航线涉及港口		
129	2	1	3	4	大西洋航线涉及港口		
130	2	1	3	5	世界上大型集装箱港口		
131	2	1	3	6	世界主要港口的英文名称		
	2	1	4		港口作业		
132	2	1	4	1	港口货物作业要点		
133	2	1	4	2	港口作业流程要点		
	2	1	5		世界各国船公司		
134	2	1	5	1	马士基、铁行渣华、韩进、地中海航运船公司的英文名称、缩写代码		
135	2	1	5	2	日本邮船、中远集运、川崎汽船、达飞、总统轮船公司的英文名称、缩写代码		
136	2	1	5	3	东方海外、以星航运、中海集运、宏海箱运船公司的英文名称、缩写代码		
137	2	1	5	4	太平船务、立荣海运、智利航运、长荣海运船公司的英文名称、缩写代码		
	2	1	6		海运集装箱特点		
138	2	1	6	1	集装箱的编号		
139	2	1	6	2	集装箱的标志		
140	2	1	6	3	集装箱的规格尺寸		
141	2	1	6	4	集装箱的检查方法		
142	2	1	6	5	集装箱的装箱方法		
143	2	1	6	6	集装箱租赁的种类		

续表

职业（工种）名称					物流师（国际货代）	等级	三级
职业代码							
序号	鉴定点代码				鉴定点内容	备注	
	章	节	目	点			
144	2	1	6	7	租箱合同的主要条款		
145	2	1	6	8	集装箱货物和交接条款对应关系		
146	2	1	6	9	集装箱包箱费率		
	2	2			海运接单		
	2	2	1		货运委托代理合同签订		
147	2	2	1	1	委托代理合同的意义		
148	2	2	1	2	委托代理合同的内容		
	2	2	2		揽货		
149	2	2	2	1	揽货注意点		
	2	2	3		订舱		
150	2	2	3	1	订舱定义		
151	2	2	3	2	订舱申请操作要点		
152	2	2	3	3	排载操作要点		
	2	3			整箱货进出口运输操作		
	2	3	1		整箱货订舱装船		
153	2	3	1	1	整箱货订舱特点		
154	2	3	1	2	整箱货出口装船特点		
	2	3	2		整箱货卸船进口		
155	2	3	2	1	整箱货卸船进口操作流程要点		
156	2	3	2	2	提取整箱货操作流程要点		
	2	4			整箱货进出口运输单证		
	2	4	1		集装箱出口场站收据联单		
157	2	4	1	1	集装箱出口场站收据正本联的内容和作用		
158	2	4	1	2	集装箱出口场站收据装货单联的内容和作用		
159	2	4	1	3	集装箱出口场站收据的作用		
	2	4	2		集装箱设备交接单		

续表

职业（工种）名称					物流师（国际货代）	等级	三级
职业代码							
序号	鉴定点代码				鉴定点内容		备注
	章	节	目	点			
160	2	4	2	1	集装箱设备交接单的用途		
161	2	4	2	2	集装箱设备交接单的缮制要点		
	2	4	3		集装箱装箱单		
162	2	4	3	1	集装箱装箱单的制单人		
163	2	4	3	2	集装箱装箱单使用的缮制要点		
	2	4	4		交货记录单		
164	2	4	4	1	到货通知联缮制要点		
165	2	4	4	2	提货单联缮制要点		
166	2	4	4	3	交货记录联缮制要点		
	2	4	5		舱单		
167	2	4	5	1	舱单特点		
	2	5			拼箱货运输操作		
	2	5	1		拼箱货运输操作		
168	2	5	1	1	拼箱货概念		
169	2	5	1	2	拼箱货企业的特点		
170	2	5	1	3	拼箱货业务流程要点		
171	2	5	1	4	拼箱货装箱人概念		
172	2	5	1	5	拼箱货交接时责任界定		
	2	5	2		集装箱提单		
173	2	5	2	1	提单的定义		
174	2	5	2	2	提单托运人的概念		
175	2	5	2	3	提单收货人的概念		
176	2	5	2	4	提单通知方的概念		
177	2	5	2	5	提单的签单日期		
178	2	5	2	6	正本提单的界定		
179	2	5	2	7	提单的作用		

续表

<table>
<tr><td colspan="5">职业（工种）名称</td><td>物流师（国际货代）</td><td rowspan="2">等级</td><td rowspan="2">三级</td></tr>
<tr><td colspan="5">职业代码</td><td></td></tr>
<tr><td rowspan="2">序号</td><td colspan="4">鉴定点代码</td><td rowspan="2" colspan="2">鉴定点内容</td><td rowspan="2">备注</td></tr>
<tr><td>章</td><td>节</td><td>目</td><td>点</td></tr>
<tr><td>180</td><td>2</td><td>5</td><td>2</td><td>8</td><td colspan="2">无船承运人提单的操作要点</td><td></td></tr>
<tr><td>181</td><td>2</td><td>5</td><td>2</td><td>9</td><td colspan="2">班轮公司提单的操作要点</td><td></td></tr>
<tr><td>182</td><td>2</td><td>5</td><td>2</td><td>10</td><td colspan="2">已装船提单的操作要点</td><td></td></tr>
<tr><td>183</td><td>2</td><td>5</td><td>2</td><td>11</td><td colspan="2">收货待运提单的操作要点</td><td></td></tr>
<tr><td>184</td><td>2</td><td>5</td><td>2</td><td>12</td><td colspan="2">清洁提单的操作要点</td><td></td></tr>
<tr><td>185</td><td>2</td><td>5</td><td>2</td><td>13</td><td colspan="2">不清洁提单的操作要点</td><td></td></tr>
<tr><td>186</td><td>2</td><td>5</td><td>2</td><td>14</td><td colspan="2">不记名提单的操作要点</td><td></td></tr>
<tr><td>187</td><td>2</td><td>5</td><td>2</td><td>15</td><td colspan="2">指示提单的操作要点</td><td></td></tr>
<tr><td>188</td><td>2</td><td>5</td><td>2</td><td>16</td><td colspan="2">记名提单的操作要点</td><td></td></tr>
<tr><td>189</td><td>2</td><td>5</td><td>2</td><td>17</td><td colspan="2">指示提单的背书</td><td></td></tr>
<tr><td>190</td><td>2</td><td>5</td><td>2</td><td>18</td><td colspan="2">预借提单的操作要点</td><td></td></tr>
<tr><td>191</td><td>2</td><td>5</td><td>2</td><td>19</td><td colspan="2">倒签提单的操作要点</td><td></td></tr>
<tr><td>192</td><td>2</td><td>5</td><td>2</td><td>20</td><td colspan="2">顺签提单的操作要点</td><td></td></tr>
<tr><td>193</td><td>2</td><td>5</td><td>2</td><td>21</td><td colspan="2">过期提单的操作要点</td><td></td></tr>
<tr><td>194</td><td>2</td><td>5</td><td>2</td><td>22</td><td colspan="2">多式联运提单的操作要点</td><td></td></tr>
<tr><td>195</td><td>2</td><td>5</td><td>2</td><td>23</td><td colspan="2">舱面货提单的操作要点</td><td></td></tr>
<tr><td>196</td><td>2</td><td>5</td><td>2</td><td>24</td><td colspan="2">提单的正面内容</td><td></td></tr>
<tr><td>197</td><td>2</td><td>5</td><td>2</td><td>25</td><td colspan="2">提单的份数</td><td></td></tr>
<tr><td>198</td><td>2</td><td>5</td><td>2</td><td>26</td><td colspan="2">提单在不同当事人之间的法律效力</td><td></td></tr>
<tr><td>199</td><td>2</td><td>5</td><td>2</td><td>27</td><td colspan="2">提单签发的要点</td><td></td></tr>
<tr><td></td><td>2</td><td>5</td><td>3</td><td></td><td colspan="2">集装箱海运单</td><td></td></tr>
<tr><td>200</td><td>2</td><td>5</td><td>3</td><td>1</td><td colspan="2">集装箱海运单的作用</td><td></td></tr>
<tr><td>201</td><td>2</td><td>5</td><td>3</td><td>2</td><td colspan="2">集装箱海运单的提货要点</td><td></td></tr>
<tr><td>202</td><td>2</td><td>5</td><td>3</td><td>3</td><td colspan="2">集装箱海运单的托运人</td><td></td></tr>
<tr><td>203</td><td>2</td><td>5</td><td>3</td><td>4</td><td colspan="2">集装箱海运单的收货人</td><td></td></tr>
<tr><td>204</td><td>2</td><td>5</td><td>3</td><td>5</td><td colspan="2">集装箱海运单的通知方</td><td></td></tr>
</table>

续表

职业（工种）名称					物流师（国际货代）	等级	三级
职业代码							
序号	鉴定点代码				鉴定点内容		备注
	章	节	目	点			
	2	6			风险防范和异常情况处理		
	2	6	1		风险防范和异常事故处理		
205	2	6	1	1	货运事故的种类		
206	2	6	1	2	运输保函的概念		
207	2	6	1	3	货运事故的责任划分		
208	2	6	1	4	索赔的条件		
209	2	6	1	5	索赔的期限		
210	2	6	1	6	索赔单证的种类		
211	2	6	1	7	隐藏损害的概念		
212	2	6	1	8	隐藏损害的赔偿界定		
	2	7			海上特种货物运输		
	2	7	1		海上危险货物运输		
213	2	7	1	1	海上危险品货物的分类和性质		
214	2	7	1	2	危险货物的标志图形符号		
215	2	7	1	3	国际海运危险货物规则		
216	2	7	1	4	危险货物的包装		
217	2	7	1	5	海上危险品货物运输单证的种类		
218	2	7	1	6	海上危险品货物运输单证的内容		
219	2	7	1	7	危险品货物的标志		
	2	7	2		海上冷藏货物运输		
220	2	7	2	1	海上冷藏货物的分类		
221	2	7	2	2	海上冷藏货物装箱检查		
222	2	7	2	3	海上冷藏货物运输的单证		
	2	8			散杂货包舱运输		
	2	8	1		散杂货包舱运输		
223	2	8	1	1	定期租船的概念		

续表

职业（工种）名称					物流师（国际货代）	等级	三级
职业代码							
序号	鉴定点代码				鉴定点内容		备注
	章	节	目	点			
224	2	8	1	2	航次租船的概念		
225	2	8	1	3	包运租船的概念		
226	2	8	1	4	光船租赁		
227	2	8	1	5	滞期费的概念		
228	2	8	1	6	速遣费的概念		
229	2	8	1	7	装卸条款的内容		
230	2	8	1	8	装卸日期规定		
231	2	8	1	9	受载期的概念		
	2	9			美国海关舱单 24 小时预申报规则		
	2	9	1		美国海关舱单 24 小时预申报规则		
232	2	9	1	1	美国海关舱单 24 小时预申报规则要点		
	2	10			海运货物保险		
	2	10	1		海运货物保险		
233	2	10	1	1	海上货物运输的风险种类		
234	2	10	1	2	海上货物保险保障的费用		
235	2	10	1	3	海上货物运输损失		
236	2	10	1	4	单独海损和共同海损		
237	2	10	1	5	进出口保险的投保原则		
238	2	10	1	6	基本险的定义及内容		
239	2	10	1	7	平安险的定义及内容		
240	2	10	1	8	水渍险的定义及内容		
241	2	10	1	9	一切险的定义及内容		
242	2	10	1	10	附加险的定义及内容		
243	2	10	1	11	除外责任的内容		
244	2	10	1	12	保险责任的起讫		
245	2	10	1	13	伦敦保险协会海运货物保险条款		

续表

职业（工种）名称					物流师（国际货代）	等级	三级
职业代码							
序号	鉴定点代码				鉴定点内容	备注	
	章	节	目	点			
246	2	10	1	14	保险单证的种类		
247	2	10	1	15	保险单的缮制		
248	2	10	1	16	海运保险金额		
	3				航空运输		
	3	1			航空运输基础知识		
	3	1	1		航空运输基础知识		
249	3	1	1	1	民用航空运输飞机的装载限制规定		
250	3	1	1	2	航空集装设备的种类		
251	3	1	1	3	航空集装货物的基本原则		
252	3	1	1	4	航空货物运输的主要经营方式		
	3	1	2		航空运输地理和时差计算		
253	3	1	2	1	国际航空运输协会对世界的航空区划划分		
254	3	1	2	2	中国的航空区划划分		
255	3	1	2	4	中国机场的分布		
256	3	1	2	5	理论时区和区时的概念		
257	3	1	2	6	法定时区和法定时间的概念		
258	3	1	2	7	飞行时间计算		
	3	1	3		航空货运代码		
259	3	1	3	1	国家代码		
260	3	1	3	2	城市的三字代码		
261	3	1	3	3	机场的三字代码		
262	3	1	3	4	航空公司的两字代码		
263	3	1	3	5	常见航空货运的操作代码		
264	3	1	3	6	常见危险品的代码		
265	3	1	3	7	常见航空货运代码的缩写		
	3	1	4		航空运输运费		

续表

职业（工种）名称					物流师（国际货代）	等级	三级
职业代码							
序号	鉴定点代码				鉴定点内容		备注
	章	节	目	点			
266	3	1	4	1	航空运价的概念		
267	3	1	4	2	航空运价的种类		
268	3	1	4	3	航空运费的计费重量		
269	3	1	4	4	航空运费的含义		
270	3	1	4	5	最低运费的含义		
271	3	1	4	6	航空货物运价的组成		
272	3	1	4	7	航空运费的计算		
	3	2			包舱包板运输		
	3	2	1		包舱包板运输		
273	3	2	1	1	包舱包板运输的概念		
274	3	2	1	2	包舱包板运输的运输凭证		
275	3	2	1	3	包舱包板运输单证的制作要点		
276	3	2	1	4	航空直接运输的概念		
277	3	2	1	5	航空集中托运的概念		
278	3	2	1	6	航空货物运输法规的内容		
	3	3			特种货物运输		
	3	3	1		空运危险物品		
279	3	3	1	1	空运危险物品的分类		
280	3	3	1	2	空运危险物品的包装要求		
281	3	3	1	3	空运危险物品运输的单证		
282	3	3	1	4	空运危险物品运输的操作原则		
283	3	3	1	5	空运危险物品运输的注意事项		
	3	3	2		空运鲜活易腐物品		
284	3	3	2	1	空运鲜活易腐物品的概念		
285	3	3	2	2	空运鲜活易腐物品的运输单证		
286	3	3	2	3	空运鲜活易腐物品运输的收运条件		

续表

职业（工种）名称					物流师（国际货代）	等级	三级
职业代码							
序号	鉴定点代码				鉴定点内容		备注
	章	节	目	点			
287	3	3	2	4	空运鲜活易腐物品运输的注意事项		
	4				其他运输		
	4	1			国际多式联运		
	4	1	1		国际多式联运基础知识		
288	4	1	1	1	国际多式联运定义		
289	4	1	1	2	国际多式联运构成的条件		
290	4	1	1	3	国际多式联运运输特点		
291	4	1	1	4	国际多式联运的形式		
292	4	1	1	5	公铁（公铁公）联运的概念		
293	4	1	1	6	海陆（海铁公）联运的概念		
294	4	1	1	7	海空（海空陆）联运的概念		
295	4	1	1	8	陆空（陆空陆）联运的概念		
	4	1	2		国际多式联运单证		
296	4	1	2	1	国际多式联运单证的定义		
297	4	1	2	2	国际多式联运单证的类型		
298	4	1	2	3	国际多式联运单证的作用		
299	4	1	2	4	国际多式联运单证的内容		
300	4	1	2	5	国际多式联运单证的缮制要点		
301	4	1	2	6	国际多式联运单证的签发		
	4	1	3		国际多式联运流程		
302	4	1	3	1	国际多式联运流程涉及的单证		
303	4	1	3	2	公铁联运的操作流程		
304	4	1	3	3	海铁联运的操作流程		
305	4	1	3	4	海空联运的操作流程		
306	4	1	3	5	陆空联运的操作流程		
307	4	1	3	6	国际多式联运的单一费率的制定		

续表

职业（工种）名称					物流师（国际货代）	等级	三级
职业代码							
序号	鉴定点代码				鉴定点内容	备注	
	章	节	目	点			
	4	1	4		大陆桥运输		
308	4	1	4	1	大陆桥运输的概念		
309	4	1	4	2	大陆桥运输的特点		
310	4	1	4	3	新亚欧大陆桥运输的内容		
311	4	1	4	4	北美大陆桥运输的内容		
312	4	1	4	5	西伯利亚大陆桥运输的内容		
	4	1	5		国际多式联运经营人		
313	4	1	5	1	国际多式联运经营人的定义		
314	4	1	5	2	国际多式联运经营人的责任		
	4	1	6		无船承运人		
315	4	1	6	1	无船承运人的定义		
316	4	1	6	2	无船承运人的特点		
317	4	1	6	3	无船承运人的责任		
318	4	1	6	4	国际货运代理人和无船承运人的关系		
	5				报关与报检		
	5	1			报关与报关单		
	5	1	1		报关基本概念		
319	5	1	1	1	海关的性质		
320	5	1	1	2	海关的权力		
321	5	1	1	3	报关单的内容		
322	5	1	1	4	报关的分类		
323	5	1	1	5	报关的范围		
	5	1	2		报关单的操作		
324	5	1	2	1	报关单更改的流程		
325	5	1	2	2	报关单的填制规范		
326	5	1	2	3	报关单更改的流程		

续表

职业（工种）名称					物流师（国际货代）	等级	三级
职业代码							
序号	鉴定点代码				鉴定点内容	备注	
	章	节	目	点			
	5	1	3		报关业务流程		
327	5	1	3	1	报关的时限要求		
328	5	1	3	2	出口通关的基本操作程序		
329	5	1	3	3	报关单证明联的申请签发		
330	5	1	3	4	进出口报关提交的单据种类		
331	5	1	3	5	保税进出口通关制度的主要内容		
332	5	1	3	6	进出口货物的转关制度的主要内容		
333	5	1	3	7	出口退关货物的通关制度的主要内容		
334	5	1	3	8	出口退运货物的通关制度的主要内容		
	5	1	4		海关关税		
335	5	1	4	1	海关关税的概念		
336	5	1	4	2	海关关税的分类		
337	5	1	4	3	海关关税的计算方法		
338	5	1	4	4	滞纳金和滞报金的定义		
	5	2			进出口报检		
	5	2	1		进出口报检业务		
339	5	2	1	1	出入境检验检疫机构		
340	5	2	1	2	出入境检验检疫的工作目的		
341	5	2	1	3	出入境检验检疫的工作内容		
342	5	2	1	4	出入境货物检验检疫工作程序		
343	5	2	1	5	报检单位的分类		
344	5	2	1	6	报检的范围		
345	5	2	1	7	入境报检的一般规定		
346	5	2	1	8	出境报检的一般规定		
347	5	2	1	9	出入境检验检疫应提供的单据		
348	5	2	1	10	《出境货物报检单》的填制规范		

续表

职业（工种）名称					物流师（国际货代）	等级	三级
职业代码							
序号	鉴定点代码				鉴定点内容	备注	
	章	节	目	点			
349	5	2	1	11	《入境货物报检单》的填制规范		
350	5	2	1	12	更改业务操作		
351	5	2	1	13	重新报检业务操作		
352	5	2	1	14	复验业务操作		
353	5	2	1	15	签证业务操作		
354	5	2	1	16	放行业务操作		

第3部分

理论知识复习题

基本知识

一、判断题（将判断结果填入括号中。正确的填“√”，错误的填“×”）

1. 2001年8月1日中国国家标准《物流术语》（GB/T 18354—2001），将物流定义为：“物流是物质资料从供给者向需要者的物理性移动，是创造时间性、场所性价值的经济活动，包括包装、装卸、保管、库存管理、流通加工、运输、配送等诸种活动。” （ ）

2. 企业物流可以分为供应物流、制造物流、回收物流和绿色物流。 （ ）

3. 授权委托书所规定的权限内容和范围部分是委托书的主体部分，应根据具体情况表述。 （ ）

4. 委托书授权不明的，被代理人应当向第三人承担民事责任，代理人负连带责任。 （ ）

5. 表见代理，本属于无权代理，但却是有效的代理，应由被代理人承担法律后果。 （ ）

6. 无偿的委托合同，因受托人的过错给委托人造成损失的，委托人可以要求赔偿损失。 （ ）

7. 国际货运代理协会联合会（International Federation of Freight Forwarders Associations） 法文缩写FIATA。 （ ）

8. 国际货运代理作为纯粹的代理人，有根据代理合同取得报酬的权利。 （ ）

9. 货代作为当事人时，从事的是无船承运人业务，承担的是承运人责任，并享有承运人的权利。（　）

10. 在与港口储运部门或内地收货单位各方交接货物时，数量短少、残损责任不清，一般是由国际货运代理承担责任。（　）

11. FIATA 规定：国际货运代理仅对属于其本身或其雇员所造成的过失负责。（　）

12. 国际航空运输是不能运输危险货物的。（　）

13. 公路运输不仅适用国内贸易而且适用国际贸易，公路运输灵活性高，更适用于国际贸易中的两端运输。（　）

14. 与其他运输相比，适合铁路运输的货物货量比较大，交货时间不是很紧张。（　）

15. 第 2、第 3 类危险品是易燃气体。（　）

16. 危险货物运输包装分为一般要求（通用包装）和特殊要求（未用包装），如 6.2 类有感染性物质要用特殊要求的包装。（　）

17. 纸是最广泛使用的包装材料，通常集合包装也采用纸为包装材料。（　）

18. 运输包装上的标志就是运输标志，也就是通常所说的唛头。（　）

19. 汽油的密度和水一致。（　）

20. 货物积载因素的大小说明货物的轻重程度，反映一定重量的货物须占据船舶多少舱容，或占多少箱容，甚至仓储时须占多少库容。（　）

21. 贸易术语又叫价格术语，可以简化交易磋商和买卖合同的内容。（　）

22.《2000 年国际贸易术语解释通则》涵盖了货物进口和出口清关的义务、货物包装的义务、买方受领货物的义务，以及提供证明各项业务得到完整履行的义务。（　）

23.《2010 年国际贸易术语解释通则》的分类改变了《2000 年国际贸易术语解释通则》将 13 个贸易术语分为 E，F，C，D 四组的做法，而将 11 种术语分成了如下截然不同的两类：适用于各种运输方式和水运。（　）

24. 在 FOB 条款下，通常由进口商支付运费，但是出口商也可以接受进口商委托，代理订舱。（　）

25. 按照《2000 年国际贸易术语解释通则》的规定，以 FOBST 贸易术语的变形成交，买卖双方风险的划分界限是货物在装运港越过船舷。（　）

26. CFR 贸易术语，通常后面写上目的港。（ ）

27. 上海某公司以 CIF 条件进口一批货物，货物在运输途中遇飓风全部损失，几天后，对方包括正本提单在内的全套合格单据要求我方付款，我方以货物灭失为由拒绝付款，根据《2000 年国际贸易术语解释通则》这种行为是合理的。（ ）

28. 按 CIF 术语成交，尽管价格中包括至目的港的运费和保费，但卖方不承担货物必然到达目的港的责任。（ ）

29. 按照《2000 年国际贸易术语解释通则》的规定，以 FCA 条件成交，买方应订立运输合同或指定承运人。当卖方被要求协助订立运输合同时，只要买方承担费用和风险，卖方也可以办理。（ ）

30. 按照《2000 年国际贸易术语解释通则》的规定，按 FCA 条件成交，卖方若在其所在地交货，则卖方负责装货；若卖方在任何其他地点交货，卖方不负责卸货。（ ）

31. 按 CPT 条件成交，买方通常不需要办理出口清关和支付运费。（ ）

32. CFR 与 CPT 的比较，二者都适用于任何运输方式。（ ）

33. CIP 进口商需要支付保费和运费。（ ）

34. CIF 与 CIP 的比较，前者适用于任何运输方式，后者仅适用于海上运输。（ ）

35. 按照国际贸易惯例，DAF 术语仅仅适用于铁路和公路运输。（ ）

36. 以 DEQ 术语成交，卖方负责将货物运至指定目的港并卸至码头的一切风险和费用，但不负责办理进口清关手续。（ ）

37. 采用 DDU 术语成交时，卖方的交货地点是在进口国国内。（ ）

38. DDP 与 DDU 在交货地点上是相同的，即都是在进口国的指定港口完成交货。（ ）

39. 汇票的主债务人为付款人。（ ）

40. 买方 A 公司开给卖方 B 公司的汇票中，有附加条件“于货物抵达目的地才付款”，这张汇票是无效的。（ ）

41. 出票，即票据的签发，指由出票人写成汇票并在汇票上签字的行为。（ ）

42. 本票的出票人在任何情况下都是主债务人。（ ）

43. 按付款时间不同，支票分为即期支票和远期支票。（ ）

44. 支票只能用做结算工具，汇票既可作为结算和押汇工具，又可作为信贷工具。（　）

45. 汇付是付款人主动通过银行向收款人汇寄款项的一种支付方式，所以属于商业信用。（　）

46. 电汇业务中，汇款人将款项和申请书交汇出行，汇出行以电报、电传或 SWIFT 方式通知汇入行支付一定金额款项给收款人。汇入行收到委托书并经核实准确无误，通知收款人取款。（　）

47. 在 D/P 方式下，银行交单以进口人付款为条件，如进口人不付款，货物所有权仍在出口人手中，所以 D/P 对出口人没有什么风险。（　）

48. “UCR 522”规则本身不是法律，因而对一般当事人没有约束力。（　）

49. 信用证是一种银行开立的无条件承诺付款的书面文件。（　）

50. 信用证一经保兑，即构成保兑行在开证行以外的一项确定承诺，保兑行以独立的“本人”身份对受益人承担付款责任。（　）

51. 根据“UCP 600”的规定，议付是指由议付行对汇票和（或）单据付出对价。只审单而不付出对价，不能构成议付。（　）

52. 托收和信用证两种支付方式都属于银行信用。（　）

53. 《海牙规则》的“承运人”只能是与托运人订有运输合同的船舶所有人，即船东。（　）

54. 提供适航船舶，妥善管理货物，是《海牙规则》规定的承运人最低限度义务。（　）

55. 《海牙规则》规定，在将货物移交给根据运输合同有权收货的人之前或当时，除非在卸货港将货物的灭失和损害的一般情况，已用书面通知承运人或其代理人，则这种移交应作为承运人已按照提单规定交付货物的最终证据。（　）

56. 《维斯比规则》规定，证明损害系承运人故意造成的，证明责任在于索赔方。（　）

57. 由承运人的受雇人员或代理人的过错导致损害发生时，他们也可以享受责任限制的规定又称为“喜马拉雅条款”。（　）

58.《汉堡规则》规定承运人的责任基础是不完全过失责任制。（　　）

59. 依《华沙公约》规定，出发地和目的地在一个缔约国内的一律不作为国际运输。

（　　）

60. 根据《华沙公约》规定，因为托运人行使运输合同变更权利而使承运人或其他托运人遭受损害时，托运人应该偿付由此产生的一切费用。（　　）

61. 依《华沙公约》规定，收货人于货物到达目的地，并在缴付应付款项和履行航空货运单上所列的运输条件后，有权要求承运人移交航空货运单并发给货物。（　　）

62. 依《华沙公约》规定，任何异议应该在规定期限内写在运输凭证上或另以书面提出，或者以口头形式当面提出。（　　）

63. When the goods are transported by air，FCA is used.（　　）

64. When choosing the port of shipment，the exporter only needs to consider the port facilities，standard of freight and varies charges.（　　）

65. One of the major differences between domestic trade and international trade is document.（　　）

66. The number，place and time of issue are also major contents of the L/C.（　　）

67. The air way bill is the literial proof of the contract of affreightment between consignors and carriers.（　　）

68. 托运单的英文是 shipping order。（　　）

69. 设备交接单的英文是 equipment interchange receipt（EIR）。（　　）

二、单项选择题（选择一个正确的答案，将相应的字母填入题内的括号中）

1. 物流按世界空间活动范围分类为（　　）。

A. 宏观物流和微观物流　　B. 国际物流和区域物流

C. 社会物流和企业物流　　D. 第三方物流和第四方物流

2. 物流要素包括运输、储存、包装、装卸、搬运、流通加工、物流信息和（　　）。

A. 集装箱运输　　B. 配送　　C. 制造支持　　D. 采购

3. 现代物流由八大要素组成，以下属于物流要素的是（　　）。

A. 物流信息　　B. 制造支持　　C. 采购　　D. 自动化仓库

4. 委托代理以（　　）名义实施民事法律行为，其法律后果直接归属于被代理人。

A. 代理人　　B. 被代理人

C. 第三人　　D. 代理人或者被代理人名义

5. 授权委托书的结尾部分一般要求写（　　）。

A. 委托书或×××委托书

B. 委托人和受委托人各自的基本情况

C. 所规定的权限内容、范围和期间

D. 委托人、受委托人分别签名并盖章、注明具文时间（年、月、日）

6. 委托书授权不明的，则（　　）。

A. 被代理人应当向第三人承担民事责任，代理人负连带责任

B. 被代理人和代理人共同向第三人承担民事责任

C. 由被代理人向第三人承担民事责任，代理人无责任

D. 由代理人向第三人承担民事责任，被代理人负连带责任

7. （　　），受托人可以转委托。

A. 经委托人同意　　B. 经通知委托人

C. 如受托人事后告知委托人　　D. 无须经委托人同意

8. 甲公司业务经理乙长期在丙餐厅签单招待客户，餐费由公司按月结清。后乙因故辞职，月底餐厅前去结账时，甲公司认为，乙当月的几次用餐都是招待私人朋友，因而拒付乙所签单的餐费。下列选项正确的是（　　）。

A. 甲公司应当付款　　B. 甲公司应当付款，乙承担连带责任

C. 甲公司有权拒绝付款　　D. 甲公司应当承担补充责任

9. 张某是某企业的销售人员，随身携带盖有该企业公章的空白合同书，便于对外签约。后张某因收取回扣被企业除名，但空白合同书未被该企业收回。张某以此合同书与他人签订购销协议，该购销协议的性质是（　　）。

A. 不成立　　B. 无效　　C. 可撤销　　D. 成立并生效

10. 委托人经受托人同意，可以在受托人之外委托第三人处理委托事务。因此给受托人造成损失的，受托人（　　）要求赔偿损失。

A. 可以向委托人　　　　　　　　　　B. 不可以向委托人

C. 不得　　　　　　　　　　　　　　D. 可以向第三人

11. 崔某在北京工作，家在吉林。春节回家，乙嘱其带回 1 斤人参。崔某回来时带回 1 斤人参，乙却已经死亡。其子丙说其父亲已死，不再需要人参，让崔某自己留着。以下说法正确的是（　　）。

A. 代理行为已经结束，因此代理关系已经终止

B. 代理关系终止，因为被代理人已经死亡

C. 代理关系不终止，因为代理人不知道被代理人已经死亡

D. 代理关系不终止，因为被代理人死亡并不是代理终止的充分要件

12. 甲委托乙为其运输木材，乙为此花去了一定的时间和精力，现甲不想要乙运输了，于是电话告诉乙取消委托，乙不同意，下列论述正确的是（　　）。

A. 甲无权单方取消委托，否则应赔偿乙的损失

B. 甲无权单方取消委托，代理行为应继续进行

C. 甲可以单方取消委托，但必须以书面形式进行

D. 甲可以单方取消委托，但仍需按合同约定支付乙报酬

13. 国际货运代理协会联合会的目的是（　　）。

A. 团结各国货代企业

B. 沟通和各种国际组织的关系

C. 保障和提高货运代理在全球的利益

D. 提高货运代理在全球运输市场的运价谈判能力

14. 委托人未按合同约定支付相关的运输费用的，作为无船承运人的国际货运代理有权不交付货物给委托人，体现的国际货运代理人权利为（　　）。

A. 要求委托人预付、偿还处理委托事务费用权

B. 要求委托人支付服务报酬权

C. 要求委托人支付运费权

D. 对货物的留置权

15. 下列有关货代作为当事人的权利义务说法不正确的是（　　）。

A. 从事的是无船承运人业务，承担的是承运人责任，并享有承运人的权利

B. 无船承运人与托运人之间所形成的是为提单所证明的海上货物运输合同关系，适用我国《海商法》及国际公约有关提单运输的法律规定

C. 在安排运输、拼箱、集运时收取差价

D. 以委托人名义处理委托事务

16. (　　) 不是识别货代是代理人还是当事人的标准。

A. 合同条款　　B. 提单签发　　C. 收入取得方式　　D. 运输安排

17. 某货运代理在码头误将一个编号为 CRXU2074783 的 20 英尺集装箱交给某拖车公司运往内地，并于次日通过海关到达收货人厂房，拆箱后发现不符。经向口岸海关解释并提供有关证据，办理了出关手续，将货拖回香港，花费了 5 万元。这属于货运代理的（　　）风险。

A. 错误与遗漏　　B. 货损货差　　C. 关税　　D. 迟延交货

18. 以下不属于货运代理应承担责任风险的是（　　）。

A. 错误与遗漏　　B. 货损货差　　C. 台风　　D. 延迟交货

19. 国际货运代理的责任，主要是指当国际货运代理作为（　　）和当事人两种情况时的责任。

A. 代理人　　B. 本人　　C. 被代理人　　D. 第三人

20. 下列货物中适合集装箱运输的是（　　）。

A. 服装和玩具　　B. 钢材卷板和钢结构货物

C. 矿石和煤炭　　D. 超大件设备，如大型变压器

21. (　　) 适合海运。

A. 进出口样品　　B. 鲜活产品　　C. 文件和单证　　D. 1 000 吨小麦

22. 在航空货运中，(　　) 要预订舱位。

A. 文件　　B. 弹簧货样　　C. 危险品　　D. 真丝服装

23. 一辆卡车 FTL 装运的货物重量，通常为（　　）。

A. 1 吨到 30 吨　　B. 数吨到 30 吨

C. 数十吨到 100 吨　　D. 100 吨以上

24. 一节车皮装运的货物重量，通常为（　）吨。

A. 10～20　　B. 20～30　　C. 30～60　　D. 60～80

25. 某国际贸易公司进口整鸡肉，加工后出口日本，通常使用（　）集装箱。

A. 干货　　B. 开顶　　C. 框架　　D. 冷冻

26. 国际货物运输中，危险品货物通常分为（　）类。

A. 3　　B. 6　　C. 9　　D. 12

27. 在航空货运中，隐含危险品的货物也属于危险品货物，下列中隐含危险品的货物是（　）。

A. 冰箱　　B. 化学品　　C. 干冷冷冻的蔬菜　　D. 以上各项都对

28.《国标危规》规定，危险货物所有标志均须满足至少经（　）海水浸泡后，既不脱落又清晰可辨。

A. 1 个月　　B. 3 个月　　C. 6 个月　　D. 9 个月

29.（　）包装属于集合包装的形式。

A. 纸箱　　B. 托盘　　C. 木箱　　D. 编织袋

30. 商品运输包装方式通常分为（　）和集合包装。

A. 销售包装　　B. 中性包装　　C. 单件运输包装　　D. 内包装

31. 标准化托盘通常用（　）为材料。

A. 木料　　B. 塑料　　C. 金属　　D. 玻璃

32. 运输包装标志的作用是（　）。

A. 区分货物　　B. 便于操作　　C. 说明装运要求　　D. 以上各项都对

33. 如果合同中没有明确规定采用何种方法计算重量和价格，按惯例应以（　）计算。

A. 毛重　　B. 净重　　C. 理论重量　　D. 公量

34. 海运中，货物的衡重应以（　）计算。

A. 净重　　B. 皮重　　C. 毛重　　D. 净净重

35. 装在笼子里的活动物的体积重量，通常（　）。

A. 和笼子一致　　B. 需丈量动物实际体积

C. 通过丈量动物实际重量换算　　D. 通过丈量笼子和动物实际重量换算

36. 同种货物，装件杂货和装散货相比，装运的货量（　　）。

A. 相同　　B. 件杂货装得少

C. 件杂货装得多　　D. 不一定

37. 贸易术语用来划分买卖双方的（　　）。

A. 责任与义务　　B. 风险　　C. 费用　　D. 以上各项都是

38. 在国际贸易中采用贸易术语可以（　　）。

A. 简化交易磋商和买卖合同的内容　　B. 有利于交易的达成和贸易的发展

C. 节省交易磋商的时间和费用　　D. 以上各项都对

39. （　　）不是贸易术语的作用。

A. 简化买卖合同的内容　　B. 有利于交易的达成

C. 提高买卖双方的信誉　　D. 节省交易磋商的时间费用

40. （　　）是有关贸易术语的国际贸易惯例中，包含内容最多、使用范围最广和影响最大的一种。

A.《1932年华沙—牛津规则》　　B. 1941年美国对外贸易定义修订本

C.《2000年国际贸易术语解释通则》　　D.《联合国国际贸易货物销售合同公约》

41. 按照《2000年国际贸易术语解释通则》的解释，按CFR术语成交，卖方无义务（　　）。

A. 提交货运单据　　B. 租船订舱

C. 办理货运保险　　D. 取得出口许可证

42. 《2010年国际贸易术语解释通则》将11种贸易术语分为适用于各种运输方式和（　　）。

A. 海上运输　　B. 水路运输　　C. 陆路运输　　D. 航空运输

43. 上海出口一台设备海运至新加坡，中方办理出关手续，外方办理进关手续，外商支付运费和保险费，适用的贸易术语是（　　）。

A. FOBSHANGHAI　　B. CIFSINGAPORE

C. CFRSINGAPORE　　D. CIFSHANGHAI

44. 按照《2000 年国际贸易术语解释通则》的规定，若以 FOB 条件成交，买卖双方风险划分的界限是以（　　）为界。

A. 货物交给承运人　　B. 货物交给卸货港

C. 货物在装运港越过船舷　　D. 货物在目的港越过船舷

45. 按照《2000 年国际贸易术语解释通则》的规定，若以 FOB 条件成交，如果船只按时到达，卖方未备妥货物及时装运，则产生的空舱费由（　　）承担。

A. 买方　　B. 卖方　　C. 船方　　D. 货代

46. 按照《2000 年国际贸易术语解释通则》的规定，若以 CFR 条件成交，买卖双方风险划分的界限是以（　　）为界。

A. 货物交给承运人　　B. 货物交给第一承运人

C. 货物在装运港越过船舷　　D. 货物在目的港越过船舷

47. CFR 的风险转移点和（　　）相同。

A. FOB　　B. CPT　　C. CIP　　D. FCA

48. 在 CFR 合同中，卖方须及时发出（　　），以便买方及时办理保险。

A. 装运须知　　B. 装船通知　　C. 保险通知　　D. 投保通知

49. 某公司与英国一家公司以 CFR Landed 的条件成交了一笔生意，按国际惯例，这批货物在目的港的卸货费用、驳船费用应由（　　）承担。

A. 买方　　B. 卖方　　C. 船方　　D. 港务部门

50.（　　）不属于 CIF 术语特点。

A. 装运合同　　B. 象征性交货

C. 风险划分界限为装运港船舷　　D. 适用于任何运输方式

51. 按照 CIF 贸易术语成交的合同是（　　）。

A. 实际交货合同　　B. 到达合同　　C. 装运合同　　D. 单据合同

52. CIF 贸易术语有多种变形，其目的是（　　）。

A. 明确装货费用由谁负担　　B. 明确卸货费用由谁负担

C. 明确风险划分的界限　　D. 明确运费由谁负担

53. 我外贸公司出口某商品到国外，原计划用海运，FOB TIANJIN，现改为北京机场空运，贸易术语应改为（　　）比较合适。

A. FCA　　B. CPT　　C. CIP　　D. DDP

54. FCA 贸易术语下，买方负责（　　）。

A. 出口清关手续　　B. 订立运输合同

C. 货交承运人　　D. 办理保险手续

55. FOB 与 FCA 贸易术语的相同之处是（　　）。

A. 均由买方承担出口运输费用　　B. 均由卖方负责办理保险

C. 风险划分均以装运港船舷为界　　D. 均只适用于水上运输方式

56. 我国甲公司拟采用海陆空多式联运方式出口货物到比利时，向比利时乙公司报价使用了 CFR 贸易术语，根据《2010 年国际贸易术语解释通则》，应采用的贸易术语是（　　）。

A. FAS　　B. CPT　　C. DDU　　D. CIP

57. 按照《2000 年国际贸易术语解释通则》的规定，若以 CPT 条件成交，卖方负责（　　）。

A. 进口清关手续　　B. 将货物交给第一承运人

C. 在装运港越过船舷交货　　D. 办理保险

58. 按 CPT 这一术语成交，下面说法正确的是（　　）。

A. 卖方在规定时间将货物交到指定船上　　B. 买方负责订立运输合同

C. 卖方提供装运单据　　D. 卖方将货物交给第一承运人

59. CFR 与 CPT 比较，买方义务相同的地方是（　　）。

A. 都要支付运费　　B. 都要支付保险费

C. 都要办理出口清关　　D. 都要提货

60. 按照《2000 年国际贸易术语解释通则》的规定，若以 CIP 条件成交，卖方负责（　　）。

A. 进口清关手续　　B. 出口清关手续

C. 在装运港越过船舷交货　　D. 在目的港越过船舷交货

61. CIP 与 CPT 的区别在于（　　）。

A. 风险划分界点不同

B. CIP 适合任何运输方式，CPT 仅适用于水上运输

C. CIP 由买方办理保险，支付保险费，CPT 由卖方办理保险，支付保险费

D. CIP 由卖方办理保险，支付保险费，CPT 由买方办理保险，支付保险费

62. CIF 与 CIP 相比较，卖方义务不同的地方是（　　）。

A. 卖方无须保证按时到货　　B. 办理运输的责任方不同

C. 办理货运保险的责任方不同　　D. 适用的运输方式不同

63. CIF 与 CIP 比较，买方义务相同的地方是（　　）。

A. 都要支付运费　　B. 都要支付保险费

C. 都要办理出口清关　　D. 都要提货

64. 以 DAF 术语成交，买方负责（　　）。

A. 租船订舱　　B. 订立运输合同

C. 出口清关　　D. 以上各项都不对

65. DES 与 CIF Ship's Hold 相比，买方承担的风险（　　）。

A. 前者大　　B. 两者相同

C. 后者大　　D. 买方不承担任何风险

66. 按 DES 贸易术语成交时，卖方要负责将合同规定的货物按照通常的路线和惯常的方式运到指定的目的港，下面正确的是（　　）。

A. 风险在装运港船上交货时由卖方转移给买方

B. DES 不是到岸价

C. 加保各种特殊附加险而支付的保险费由买方承担

D. 在 DES 条件下，卖方不仅要负担正常的运费、保险费，还要负担诸如转船、绕航等产生的额外费用

67. 在目的港完成交货的术语是（　　）。

A. CIF　　B. DEQ　　C. DAF　　D. DDU

68. 卖方要承担将货物运至目的地的一切风险和费用，但不包括货物进口时所需支付的关税、捐税、其他税费，及办理海关手续的费用的贸易术语是（　　）。

A. DDP　　B. DEQ　　C. DAF　　D. DDU

69. 按照（　　）术语成交，卖方要负责将货物从启运地一直运到合同规定的进口国内的指定目的地，把货物实际交到买方手中，才算完成交货。

A. DDP　　B. DEQ　　C. DAF　　D. DDU

70. 就进口方承担的风险而言，（　　）。

A. E组术语风险最小，F组其次，C组和D组风险最大

B. D组术语风险最小，F组和C组其次，E组风险最大

C. D组术语风险最小，E组其次，F组和C组风险最大

D. E组术语风险最小，F组和C组其次，D组风险最大

71. 国际贸易中使用的票据主要有汇票、本票和支票，其中（　　）使用最多。

A. 汇票　　B. 支票　　C. 本票　　D. 旅行支票

72. 汇票是出票人签发的，命令（　　）在见票时或者在指定日无条件支付确定的金额给收款人或者持票人的票据。

A. 承兑人　　B. 背书人　　C. 出票人　　D. 付款人

73. 一张商业汇票见票日为1月31日，见票后一个月付款，则到期日为（　　）。

A. 2月28日　　B. 3月1日　　C. 3月2日　　D. 3月3日

74. 按照出票人的不同，汇票可分为（　　）。

A. 银行汇票和商业汇票　　B. 即期汇票和远期汇票

C. 光票和跟单汇票　　D. 商业承兑汇票和银行承兑汇票

75. （　　）的出票人和付款人既可以是工商企业或个人，也可以是银行。

A. 商业汇票　　B. 光票　　C. 商业承兑汇票　　D. 跟单汇票

76. 收款人或持票人将汇票提交（　　）要求其付款或承兑的行为，叫做提示。

A. 付款人　　B. 收款人　　C. 出口商　　D. 议付行

77. 本票的当事人有两个，即出票人和（　　）。

A. 付款人　　B. 收款人　　C. 承兑人　　D. 背书人

78. 本票与汇票的一个主要区别在于是否需要承兑，（　　）的付款人就是出票人本身，签发该票据就等于承诺在出票人提示付款时付款，因此无须承兑。

A. 远期汇票　B. 即期汇票　C. 远期本票　D. 即期本票

79.（　）是出票人签发的，委托办理支票存款业务的银行或者其他金融机构在见票时无条件支付确定的金额给收款人或持票人的票据。

A. 支票　B. 汇票　C. 银行汇票　D. 本票

80.（　）只能委托银行收款入账，不能由持票人自行向付款人支取现金。

A. 普通支票　B. 划线支票　C. 现金支票　D. 转账支票

81. 持（　）取款时，须由载明的收款人在背面签章。

A. 普通支票　B. 划线支票　C. 记名支票　D. 不记名支票

82. 国际贸易结算方式中最简单的是（　）。

A. 托收　B. 信用证　C. 汇付　D. 银行保函

83.（　）付款方式不属于汇付。

A. T/T　B. M/T　C. D/D/　D. D/P

84. 汇付方式有三种形式，其中，付款速度最快但银行收取的费用较高的是（　）。

A. 信汇　B. 票汇　C. 电汇　D. 汇款

85. 贸易结算中，由汇款人转交银行票据的是（　）。

A. 票汇　B. 信用证　C. 信汇　D. 电汇

86. 托收是委托人委托（　），通过它在进口地的分公司或代收行代出口人收取货款的一种结算方式。

A. 出口地海关　B. 进口地海关　C. 进口地银行　D. 出口地银行

87.（　）中的出口人可凭信托收据借单的方式向银行要求资金融通。

A. 光票托收　B. 付款交单　C. 跟单托收　D. 承兑交单

88. 国际货物买卖使用托收方式，委托并通过银行收取货款，使用的汇票是（　）。

A. 商业汇票，属于商业信用　B. 银行汇票，属于银行信用

C. 商业汇票，属于银行信用　D. 银行汇票，属于商业信用

89. 现行的《托收统一规则》简称为（　）。

A. Incoterms 1936　B. Incoterms 2000

C. UCP 600　D. URC 522

90. 国际商会不赞成的交单方式为（　　）。

A. 支票　　B. 即期汇票　　C. 远期汇票　　D. 信用证

91. 在下列有关可转让信用证的说明中，错误的说法是（　　）。

A. 该证的第一受益人可将信用证转让给一个或一个以上的人使用

B. 该证的第二受益人不得再次转让

C. 该证转让后由第二受益人对合同的履行负责

D. 可以分成若干部分分别转让

92. 根据“UCP 600”，信用证的第一付款人是（　　）。

A. 议付行　　B. 通知行　　C. 进口人　　D. 开证行

93. 接受开证委托开立信用证、并承担保证付款的责任的是（　　）。

A. 议付行　　B. 开证行　　C. 通知行　　D. 索偿行

94. 信用证的基础是买卖合同，当信用证与买卖合同不一致时，受益人应要求（　　）。

A. 开证行修改　　B. 通知行修改

C. 开证申请人修改　　D. 议付行修改

95. 信用证规定：“Shipment During March/Apr. /May in three equal monthly lots.”因生产原因，3 月份的货未能装运，3、4、5 三个月份的货拟于 4 月份一起装运。根据“UCP 600”，（　　）。

A. 3 月份的货不能装运，只能装运 4、5 两个月的货

B. 3 月份的货不能装运，4、5 两个月的也不能装运

C. 4 月份与 3 月份的货分成两批，做两套单据，同在 4 月份内装运

D. 4 月份将所有未装货一次装运

96. 托收、信用证使用的汇票都是商业汇票，都是通过银行收款，则（　　）。

A. 两者都属于商业信用

B. 两者都属于银行信用

C. 托收是商业信用，信用证是银行信用

D. 托收是银行信用，信用证是商业信用

97. 下列结算方式中，不能结合使用的是（　　）。

A. 预收押金与信用证　　B. 信用证与汇款

C. 信用证与托收　　D. 托收与预收押金

98.《海牙规则》规定的“货物”不包括（　　）。

A. 货物　　B. 制品　　C. 商品　　D. 活动物

99. 以下说法中，（　　）不符合《海牙规则》的规定。

A. “承运人”包括与托运人订有运输合同的船舶所有人或租船人

B. “运输合同”仅适用于以提单或任何类似的物权凭证进行的有关海上货物运输

C. “货物”包括货物、制品、商品等任何装上船的物品

D. “货物运输”是指自货物装上船时起，至卸下船时止的一段期间

100.《海牙规则》规定的管货义务不包括（　　）。

A. 包装　　B. 装卸　　C. 搬运　　D. 保管

101.（　　）不是《海牙规则》规定的提单法定记载事项。

A. 货物的表面状况　　B. 货物的包数或件数，或数量，或重量

C. 装卸港和到达港　　D. 货物标志

102.《海牙规则》规定的提单法定记载事项有关货物的状况指的是（　　）。

A. 货物的表面状况　　B. 货物的内部状况

C. 货物的包装状况　　D. 货物经谨慎检查后的状况

103. 依《海牙规则》规定，如果货物状况在收受时已经进行联合检验或检查，收货人（　　）再提交书面通知。

A. 仍须　　B. 就无须　　C. 视情况而定是否　　D. 可自主决定是否

104. 依《维斯比规则》规定，如经证明，损害系承运人故意造成，或明知可能造成损害而轻率地采取的行为或不行为所引起，则（　　）。

A. 承运人无权享有规则规定的责任限制的利益

B. 船舶无权享有规则规定的责任限制的利益

C. 船东无权享有规则规定的责任限制的利益

D. 无论是承运人或船舶，都无权享有规则规定的责任限制的利益

105.《维斯比规则》规定，在同时起诉承运人及承运人受雇人员或代理人的情形下，索

赔人所能得到的赔偿总额，（ ）超过本公约规定的限度。

A. 也可以　　B. 法官可自由裁量决定是否

C. 视情况而定是否　　D. 在任何情况下，不得

106. 以下有关《汉堡规则》规定的承运人责任期间说法错误的是（ ）。

A. 承运人对货物的责任期间包括在装货港、在运输途中以及在卸货港，货物在承运人掌管的全部期间

B. 根据装货港适用的法律或规章，货物必须交其装运的当局或其他第三方，自货物必须交其装运的当局或其他第三方接管货物时起，承运人应视为已掌管货物

C. 自承运人从托运人或代其行事的人接管货物时起，承运人应视为已掌管货物

D. 承运人责任期间包括根据在卸货港适用的法律或规章将货物交给必须交付的当局或其他第三方的期间

107. 《汉堡规则》规定承运人的责任基础是（ ）。

A. 完全过失责任制　　B. 不完全过失责任制

C. 故意责任制　　D. 严格责任制

108. 《汉堡规则》规定，推定货物灭失的时间期限为货物交付时间届满后（ ）天。

A. 15　　B. 30　　C. 60　　D. 90

109. 依据《华沙公约》，（ ）不是国际运输。

A. 承运人的国籍为另一缔约国

B. 起运地和目的地分别处于两不同缔约国

C. 起运地处于一缔约国，目的地处于非缔约国

D. 起运地和目的地处于同一缔约国，但经停地处于非缔约国

110. 经过承运人和托运人当面查对并在航空货运单中注明经过查对，或者是关于货物外表情况的说明外，关于货物的数量、体积及情况的说明（ ）构成不利承运人的证据。

A. 能　　B. 不能　　C. 可以　　D. 视情况而定是否

111. 航空货运单不是（ ）的证明。

A. 订立合同　　B. 接受货物　　C. 承运条件　　D. 货物表明状况良好

112. 《华沙公约》规定，托运人行使运输合同变更权的前提是，（ ）。

A. 托运人先行偿付由此产生的一切费用

B. 托运人在履行运输合同所规定的一切义务的条件下

C. 货物到达目的地之前

D. 托运人及时通知.

113. 依《华沙公约》规定，如果承运人承认货物已经遗失或货物在应该到达的日期（　　）天后尚未到达，收货人有权向承运人行使运输合同所赋予的权利。

A. 3　　B. 5　　C. 7　　D. 15

114. 依《华沙公约》规定，除非承运人方面有欺诈行为，如果在规定期限内没有提出异议，（　　）向承运人起诉。

A. 不妨碍　　B. 就不能　　C. 一年后　　D. 两年后

115. 我国《民用航空法》规定，旅客或者收货人收受托运行李或者货物而未提出异议，为托运行李或者货物已经完好交付并与运输凭证相符的（　　）。

A. 初步证据　　B. 最终证据　　C. 有力证据　　D. 表面证据

116. A freight forwarder is also called（　　）.

A. an exporter　　B. an importer

C. a commission agent　　D. a customer

117. The consignor is also called（　　）.

A. the exporter　　B. the consignee

C. the forwarder　　D. the captain

118.（　　）is not included in the terms of shipment.

A. Means of transport

B. Time of shipment

C. Partial shipment and transshipment

D. Method of payment

119. If the "optional port" is adopted, the exporter should provide at most（　　）ports of destination for the importer to choose from.

A. 2　　B. 3　　C. 4　　D. 5

120. If the L/C stipulates “via xxx port”, it means ( ) this port.

A. the ship will call at B. the goods will be transshipped at

C. the ship will pass away from D. the goods will be shipped directly to

121. The currency of the amount insured should comply with that of ( ).

A. the invoice B. the packing list

C. the L/C D. the certificate of origin

122. The no. of the L/C, its place and date of issue, its type, amount of the L/C, description of goods, shipping documents required and ( ), etc, are main contents of letter of credit.

A. transportation clauses B. inspection certificate

C. weight memo D. import licence

123. A bill of lading should be signed by either the ( ).

A. shipper or consignor B. carrier or his agent

C. consignee or consignor D. exporter or shipper

124. Straight bills of lading are not ( ) and cannot be ( ) to the third parties.

A. negotiable, changed B. non-negotiable, transfer

C. negotiable, transferred D. non-negotiable, transfer

125. As a transport contract, the legal validity of an air waybill will last ( ) after the fullfillment of the tranportation.

A. one year B. one year and a half

C. two more years D. three years

126. Nowdays, the air waybills used by different airline companies worldwide are basically ( ).

A. different B. the same C. negotiable D. exchangeble

127. 集装箱装箱单的英文是( )。

A. container manifest B. container load plan

C. EIR D. D/R

128. Which is a type of international intermodal transport?（　）

A. sea/air　　B. domestic rail/inland water

C. domestic truck/inland water　　D. sea to sea through transport

129. A shipment of 20 tons shoes tranported from Xian，China to Chicago，USA should adopt（　）international multimodal transport.

A. rail/sea/air　　B. truck/sea/rail

C. inland water/sea/air　　D. air/sea/truck

三、多项选择题（选择一个以上正确的答案，将相应的字母填入题内的括号中）

1. 微观物流可以细分为（　）。

A. 废弃物物流　B. 生产物流　C. 供应物流　D. 销售物流

E. 回收物流

2. 现代物流的八大要素包括运输、储存、装卸、搬运、物流信息、配送和（　）。

A. 采购　B. 包装　C. 流通加工　D. 客户服务

E. 国际多式联运

3. 授权委托书的内容包括（　）。

A. 名称。应写明“委托书”或“×××委托书”

B. 委托人和受委托人（即代理人）各自的基本情况

C. 所规定的权限内容、范围和期间

D. 委托人、受委托人分别签名并盖章

E. 注明具文时间（年、月、日）

4. 以下有关委托书授权不明，法律责任承担说法不正确的有（　）。

A. 被代理人应当向第三人承担民事责任，代理人负连带责任

B. 被代理人和代理人共同向第三人承担民事责任

C. 由被代理人向第三人承担民事责任，代理人无责任

D. 由代理人向第三人承担民事责任，被代理人负连带责任

E. 代理无效，被代理人和代理人都无责任。

5. 以下有关转委托说法正确的有（　）。

A. 受托人应当亲自处理委托事务

B. 经委托人同意，受托人可以转委托

C. 转委托经同意的，委托人可以就委托事务直接指示转委托的第三人，受托人仅就第三人的选任及其对第三人的指示承担责任

D. 转委托未经同意的，受托人应当对转委托的第三人的行为承担责任，但在紧急情况下受托人为保护委托人的利益需要转委托的除外

E. 转委托经通知委托人，转委托就有效

6. 以下有关受托人的损害赔偿责任说法正确的有（　　）。

A. 有偿的委托合同，因受托人的过错给委托人造成损失的，委托人可以要求赔偿损失

B. 无偿的委托合同，因受托人的故意或者重大过失给委托人造成损失的，委托人可以要求赔偿损失

C. 不管有偿无偿，只要因受托人的过错给委托人造成损失的，委托人均可以要求赔偿损失

D. 受托人超越权限给委托人造成损失的，应当赔偿损失

E. 受托人超越权限给委托人造成损失的，视情况决定是否需要受托人赔偿损失

7. 以下有关委托人赔偿责任说法正确的有（　　）。

A. 受托人处理委托事务时，因不可归责于自己的事由受到损失的，可以向委托人要求赔偿损失

B. 受托人处理委托事务时，因不可归责于自己的事由受到损失的，不可以向委托人要求赔偿损失

C. 委托人经受托人同意，可以在受托人之外委托第三人处理委托事务；因此给受托人造成损失的，受托人可以向委托人要求赔偿损失

D. 委托人经受托人同意，可以在受托人之外委托第三人处理委托事务；因此给受托人造成损失的，受托人不可以向委托人要求赔偿损失

E. 委托人经受托人同意，可以在受托人之外委托第三人处理委托事务；因此给受托人造成损失的，受托人可以向第三人要求赔偿损失

8. 以下符合法律规定的委托代理权终止的情形的有（　　）。

A. 代理期间届满　　B. 委托代理人取消委托

C. 代理人辞去委托　　D. 被代理人死亡

E. 代理人丧失民事行为能力

9. （　　）属于货运代理作为代理人的权利。

A. 以委托人名义处理委托事务

B. 要求委托人提交待运输货物和相关运输单证、文件资料

C. 要求委托人预付、偿还处理委托事务费用

D. 要求委托人承担代理行为后果

E. 只要努力处理委托业务，对自己代理中的疏忽过失不承担责任

10. （　　）属于货代作为当事人的权利和义务。

A. 国际货运代理以自己的名义与第三人签订合同

B. 在安排储运时使用自己的仓库或运输工具

C. 在安排运输、拼箱、集运时收取差价

D. 负责多式联运并签发提单

E. 作为独立合同人对客户要求提供的服务以自己的名义承担责任

11. （　　）属于识别货运代理是代理人还是当事人的标准。

A. 合同条款　　B. 提单签发　　C. 收入取得方式　　D. 交易习惯

E. 第三人签发的提单内容

12. 为了防止或减少国际货运代理企业的责任风险，可以采取的措施有（　　）。

A. 投保责任险

B. 加强对货运代理人员的培训

C. 选择诚信可靠的客户

D. 使用的单证规范、正确，字迹清楚

E. 拒绝赔偿并及时通知客户向货物保险人索赔

13. 下列货物中不适合海运的有（　　）。

A. 国际快递邮包　　B. 鲜活商品

C. 国际单证和信件　　D. 交货时间紧迫的商品

E. 大宗货物

14.（　　）可用于公路运输。

A. 清洁货物　　B. 液体货物　　C. 危险货物　　D. 普通货物

E. 动植物

15. 具有（　　）性质的货物可用于铁路运输。

A. 运输距离比较远　　B. 货量比较大

C. 交货时间不很紧张　　D. 运价较低

E. 交货时间紧张

16.（　　）通常不用集装箱运输。

A. 原木　　B. 钢材　　C. 矿石　　D. 服装

E. 长毛绒玩具

17. 有关危险品分类的说法正确的是（　　）。

A. 第一类是有毒气体

B. 第二类是压缩气体

C. 第六类是有毒物质和有感染性物质

D. 第八类是腐蚀性物质

E. 以上各项都正确

18. 小心轻放，不是（　　）。

A. 识别标志　　B. 指示标志　　C. 警告标志　　D. 运输标记

E. 危险品标记

19.（　　）属于集合运输包装。

A. 托盘　　B. 集装箱　　C. 集装袋　　D. 纸箱

E. 桶

20. 国际标准化组织推荐的唛头应包括的内容是（　　）。

A. 收货人或买方名称的英文缩写字母或简称

B. 参考号（运单号、订单号、发票号等）

C. 目的港（地）

D. 重量、体积和产地名称

E. 合同号

21. 在国际贸易中，计算皮重的方法有（　　）。

A. actual tare
B. average tare
C. customary tare
D. computed tare
E. tare

22. 准确计量货物对货物运输有着非常重要的意义，下列说法中错误的有（　　）。

A. 货物的量尺体积取货物外形平均长、宽、高的乘积

B. 按货物的最大方形进行丈量和计算

C. 货物的量尺体积是货物外形最大处的长、宽、高的乘积

D. 奇形货件必须按最大处的长、宽、高的乘积计算体积

E. 货物的重量通常是按以毛做净计算

23. 货物的积载因素是（　　）。

A. 每一吨货物在正常堆装时实际所占的容积

B. stowage factor

C. 单位是立方米/吨

D. 单位是吨/立方米

E. 每一立方米货物在正常堆装时实际的重量

24. 贸易术语用英文字母缩写来表示，用来确定买卖双方交货地点、价格构成及有关（　　）的划分。

A. 风险
B. 费用
C. 手续
D. 单证
E. 货物品质

25. 根据《2000 年国际贸易术语解释通则》，D 组贸易术语的共同特点是（　　）。

A. 采用 D 组术语成交的合同属于到达合同

B. 采用 D 组术语成交时，卖方无义务办理货运保险

C. 采用 D 组术语成交时，均由卖方办理出口通关手续

D. 采用D组术语成交时，均由买方办理进口通关手续

E. 采用D组术语成交时，交货方式是单证交货

26. 根据《2010年国际贸易术语解释通则》，适用于任何运输方式的术语有（　　）。

A. FCA　　B. DDU　　C. DAT　　D. DAP

E. CPT

27. FOB贸易术语适合（　　）运输方式。

A. 海上　　B. 内河航运　　C. 铁路　　D. 航运

E. 公路

28. FOBST是明确买卖双方（　　）费用负担问题的。

A. 卸货　　B. 装船　　C. 平舱　　D. 理舱

E. 滞期

29. CFR贸易术语适合（　　）运输方式。

A. 海上　　B. 内河航运　　C. 铁路　　D. 航空

E. 公路

30. CFR与FOB相比较，卖方的义务多了（　　）。

A. 出口清关　　B. 运费　　C. 签订运输合同　　D. 进口清关

E. 保险费

31. 采用CIF贸易术语成交，其运输方式适合（　　）运输。

A. 海上　　B. 内河　　C. 陆上　　D. 各种

E. 航空

32. CIF与FOB相比较，卖方的义务相同的是（　　）。

A. 出口清关　　B. 运费　　C. 签订运输合同　　D. 保险费

E. 提供货物

33. 我国某公司按CIF条件出口成交一批货物，采用租船运输，如果该公司不愿承担卸货费，可以采用（　　）条件成交。

A. CIF Liner Terms　　B. CIF Landed

C. CIF ExTackle　　D. CIF ExShip's Hold

E. CIF

34. FCA 术语下，（　　）属于买方的义务。

A. 签订运输合同　B. 受领货物　C. 接收单据　D. 负责出口报关

E. 交付货款

35. 我外贸公司出口时，采用 FCA BEIJING 和采用 FOB TIANJIN 相比较，下列表述正确的是（　　）。

A. 风险界点后移　B. 风险界点前移　C. 费用增加　D. 收款时间提前

E. 费用减少

36. 按照《2000 年国际贸易术语解释通则》的规定，若以 CPT 条件成交，买方的义务有（　　）。

A. 出口清关　B. 运费　C. 签订运输合同　D. 进口清关

E. 受领货物

37. CIP 的卖方义务，通常包括（　　）。

A. 出口清关　B. 运费　C. 保费　D. 进口清关

E. 进口国内陆运输

38. CIP 的买方义务，通常包括（　　）。

A. 出口清关　B. 运费　C. 保费　D. 进口清关

E. 受领货物

39. 按 EXW 术语成交时，买卖双方责任和义务描述正确的是（　　）。

A. 卖方承担的风险、责任以及费用都是最小的

B. 在交单方面卖方只需提供商业发票或电子数据，如合同有要求，才须提供证明所交货物与合同规定相符的证件

C. 卖方无义务办理货物出境所需的出口许可证或其他官方证件

D. 如果买方办理出口证件有困难，卖方应买方的要求，并在由买方承担风险和费用的情况下，也可协助办理出口手续

E. 在买卖双方达成的合同中必须涉及运输和费用问题

40. DAF 条件下，卖方要负责（　　）。

A. 将货物运至边境指定地点　　B. 办理货物的出口手续

C. 办理货物的进口手续　　D. 提交进口许可证并缴纳关税

E. 办理投保相关手续

41. DES 术语与 CIF 术语的区别是（　　）。

A. 适用的运输方式不同，DES 可用于目的港的多式联运，CIF 仅适用于水运

B. DES 为凭实物交货，CIF 为凭单交货

C. 风险划分界限和费用划分界限均不同

D. DES 合同属于达到合同，CIF 合同属于装运合同

E. 交货地点不同

42. 采用 DDU 术语成交时，卖方（　　）。

A. 负责在规定期限内，在目的地指定地点将货物置于买方处置之下

B. 负责办理出口清关手续

C. 负责办理进口清关手续

D. 无须将货物卸离运输工具

E. 以上各项都对

43. 与 DDU 术语相比，DDP 术语条件下，卖方多负责（　　）。

A. 办理进口报关手续

B. 支付进口关税

C. 在进口国的内陆约定地点完成交货

D. 办理出口报关手续

E. 进口其他税费

44. 下列关于贸易术语风险大小的说法正确的是（　　）。

A. E 组贸易术语是卖方承担风险责任最小的贸易术语

B. DDP 是卖方承担风险最大的贸易术语

C. EXW 是买方承担风险最大的贸易术语

D. F 组术语比 C 组术语风险小

E. FAS 与 FOB 风险大小相同

45. 汇票的基本当事人为（　　）。

A. 出票人　B. 付款人　C. 收款人　D. 背书人

E. 被背书人

46. 汇票付款日期的记载形式主要有（　　）。

A. 见票即付　B. 承兑即付　C. 定日付款　D. 出票日后定期付款

E. 见票日后定期付款

47. 凡采用（　　）等形式记载付款日期的汇票，均为远期汇票。

A. 见票时立即付款　B. 定日付款

C. 出票后定期付款　D. 运输单据出单日后定期付款

E. 见票后定期付款

48. 本票的基本当事人有（　　）。

A. 出票人　B. 收款人　C. 付款人　D. 承兑人

E. 背书人

49. 支票的基本当事人有（　　）。

A. 出票人　B. 收款人　C. 付款人　D. 承兑人

E. 背书人

50. 支票和汇票的区别在于（　　）。

A. 前者只能用作结算工具，后者既可作结算和押汇工具，又可作为信贷工具

B. 前者无须承兑，后者的远期汇票通常要经过承兑

C. 前者的提示期限较短，后者的提示期限相对要长得多

D. 前者可以止付，后者在承兑后不可撤销

E. 前者只有即期，后者有即期、远期之分

51. 汇付方式涉及的当事人有（　　）。

A. 付款人　B. 汇款人　C. 汇入行　D. 汇出行

E. 收款人

52. 汇付是指付款人主动通过银行或其他途径将款项汇交收款人，其方式有（　　）方式。

A. 电汇　B. 本票　C. 信汇　D. 票汇

E. 汇款

53. 银行根据委托人指示，处理的是（　　）。

A. 金融单据　B. 商业单据　C. 商业发票　D. 信用证

E. 提单

54. 付款交单业务的主要特征是（　　）。

A. 付款交单属于商业信用

B. 付款交单业务中为融资目的也可使用远期汇票

C. 承兑交单的安全性低于付款交单

D. 付款交单属于银行信用

E. 承兑交单属于银行信用

55. 托收行收到托收申请书后应对其进行审查，审查的内容包括（　　）。

A. 申请书内容　B. 申请书项目　C. 单据种类　D. 单据份数

E. 受益人

56. 信用证有（　　）主要特点。

A. 开证行负首要付款责任　B. 信用证方式是纯单据业务

C. 单据与信用证相符　D. 信用证是一项自足文件

E. 货物与信用证相符

57. 信用证按照付款时间和方式可分为（　　）。

A. 议付信用证　B. 即期付款信用证

C. 延期付款信用证　D. 承兑信用证

E. 可转让信用证

58. 信用证涉及的当事人主要有（　　）。

A. 开证申请人　B. 开证行　C. 通知行　D. 受益人

E. 代收行

59. 依据“UCP 500”，信用证支付方式的特点是（　　）。

A. 信用证属于银行信用，开证行负有第一付款责任

B. 信用证条件下由申请人直接向卖方付款

C. 信用证一经开证行开立，即是独立于买卖合同之外的自足性文件

D. 信用证业务是一种单纯的单据业务，银行只处理单据，不涉及货物和合同行为

E. 信用证支付方式卖方没有任何风险

60. 托收与信用证相比较，两者的共同点有（　　）。

A. 卖方都需要委托银行收取货款　　B. 都属于国际贸易结算方式

C. 都属于银行信用　　D. 银行均有向进口方收取货款的责任

E. 都属于商业信用

61. 《海牙规则》的适航义务包括（　　）。

A. 使船舶适航

B. 适当地配备船员

C. 适当地装备船舶和供应船舶

D. 使货舱、冷藏舱和该船其他载货处所能适宜和安全地收受、运送和保管货物

E. 取得试航证书证明船舶适航

62. 《海牙规则》规定的承运人管货义务包括（　　）。

A. 包装　　B. 装卸　　C. 搬运　　D. 保管

E. 积载

63. （　　）是《海牙规则》规定的提单法定记载事项。

A. 货物的表面状况　　B. 货物的包数或件数，或数量，或重量

C. 装卸港和到达港　　D. 货物标志

E. 货物装运和到达时间

64. 《维斯比规则》规定，承运人的责任限制丧失条件包括（　　）。

A. 损害系承运人故意造成

B. 损害系承运人故意或明知可能造成损害而轻率地采取的行为或不行为所引起

C. 损害系承运人明知可能造成损害而轻率地采取的行为或不行为所引起

D. 损害系承运人违反适航义务所造成

E. 损害系承运人违反管货义务所造成

65.《维斯比规则》将承运人享受的各项抗辩和责任限制扩大到（　　）。

A. 承运人的受雇人

B. 承运人的代理人

C. 与承运人有委托合同关系的第三人

D. 以个人身份直接从事承运人委托事务的人

E. 与承运人有运输业务关系的缔约合同人

66.《汉堡规则》规定的承运人对货物的责任期间包括在（　　），货物在承运人掌管下的全部期间。

A. 装货港　　B. 运输途中　　C. 港口当局仓库　　D. 卸货港

E. 海关仓库

67. 下列各项，不适用《海商法》规定的是（　　）。

A. 上海至广州的海上货物运输　　B. 中国至俄罗斯的公路和铁路多式联运

C. 上海至温哥华的海上货物运输　　D. 广州至新加坡的活动物运输

E. 重庆至广州的货物运输

68. 依据《华沙公约》，（　　）是国际运输。

A. 出发地和目的地是同一缔约国，而承运人的国籍为另一缔约国

B. 起运地和目的地分别处于两个不同缔约国

C. 起运地处于一缔约国，目的地处于非缔约国

D. 起运地和目的地处于同一缔约国，但经停地处于非缔约国

E. 起运地和目的地处于同一缔约国，但经停地处于另一缔约国

69. 在没有相反的证据时，航空货运单是（　　）。

A. 订立合同的证明　　B. 接受货物的收据

C. 承运条件的证明　　D. 支付运费的依据

E. 收取运费的证明

70. 依《华沙公约》规定，收货人有权要求承运人移交航空货运单并发给货物的条件包括（　　）。

A. 货物到达目的地

B. 货物离开起运地

C. 收货人缴付应付款项

D. 收货人履行航空货运单上所列的运输条件

E. 托运人发出交货指示后

71. 依《华沙公约》规定，（　　）有关收货异议符合其规定。

A. 除非有相反的证据，如果收件人在收受行李或货物时没有异议，就被认为行李或货物已经完好地交付，并和运输凭证相符

B. 如果是货物损害，最迟应该在货物收到后 7 天提出

C. 如果有延误，最迟应该在行李或货物交由收件人支配之日起十天内提出异议

D. 任何异议应该在规定期限内写在运输凭证上或另以书面提出

E. 除非承运人方面有欺诈行为，如果在规定期限内没有提出异议，就不能向承运人起诉

72. 以下符合我国《民用航空法》规定的有（　　）。

A. 航空货运单是航空货物运输合同订立和运输条件以及承运人接受货物的初步证据

B. 对托运行李或者货物的航空赔偿责任限额，每千克为 17 计算单位

C. 航空运输的诉讼时效期间为两年

D. 承运人根据托运人的请求填写航空货运单的，在没有相反证据的情况下，应当视为代托运人填写

E. 航空货运单是物权凭证

73. Terms of shipment include（　　）.

A. means of conveyance　　B. time of shipment

C. partial shipment　　D. transshipment

E. all above are right

74. If the shipment date is "on or about June 10", then the goods can be shipped（　　）.

A. on June 5　　B. on June 10　　C. on June 8　　D. on June 4

E. on June 16

75. Which of the following statements about L/C is correct? (　　)

A. A clean credit is one that requires clean draft without shipping documents accompanied

B. An irrevocable credit is one that can not be a mended or revoked without the consen to fall the parties concerned

C. A confirmed credit is one that is confirmed by a bank other than the issuing bank

D. A usance credit is one that payment can be made up on presentation of the draft and impeccable documents to the bank

E. All the statements above are correct

76. The corrent statements of the following are (　　).

A. The party delivering the goods to the carrier is called consignee

B. The party accepting legal responsibility to provide transportation is the carrier

C. The consignee is the party entitled to receive the cargo

D. The notify party is the party to be advised after the consignment has arrived at the port of destination

E. The party entitled to take delivery of the goods is called carrier

77. Choose the correct statements from the following. (　　)

A. A direct bill of lading coersshipment between direct ports of loading and discharge

B. A straight bill of lading is a non-negotiable document

C. An order bill of lading is a transferable document

D. An on board bill of lading indicates that the goods have been loaded on board of the vessel

E. An uncleaned bill of lading means the bill of lading is very dirty

78. The correct statements of the following are (　　).

A. 托运单的英文是 booking note　　　　B. 理货单的英文是 shipping order

C. 装货清单的英文是 loading list　　D. 提货单的英文是 delivery order

E. 原产地证书的英文是 certificate of origin

79. The correct statements of the following are (　　).

A. 设备交接单的英文是 equipment interchange receipt

B. 联合运输提单的英文是 combined transport B/L

C. 集装箱装箱单的英文是 packing list

D. 场站收据的英文是 dock receipt

E. 集装箱装货单的英文是 shipping order

80. International Multimodal transport has the following advantages (　　).

A. providing faster transit of goods

B. reducing the burden of documentation and formalities

C. reducing freight costs and commodity costs

D. resulting in the loss or damage to the goods

E. all above are right

海上运输

一、判断题（将判断结果填入括号中。正确的填“√”，错误的填“×”）

1. 国际货运代理人不但应了解班轮船期的内容，还应了解在哪里可以找到船期表。(　　)

2. 班轮运输的运价水平较高。(　　)

3. 班轮运费包括装卸费，不计滞期和速遣费。(　　)

4. 运价表中注明“Ad. val or W/M”，表示该种货物可以选择按其 FOB 价格的某一百分比、毛重或体积计算运费。(　　)

5. 班轮运输下，FOB 术语的运费支付方式是到付运费。(　　)

6. 倒付运费支付时间在提单签发前。(　　)

7. 根据航行区域，海运航线可分为国际大洋航线、地区性国际航线和沿海航线。(　　)

8. 塞得港位于印度洋航线上。（　）

9. 目前，上海港已经跃居世界第一大集装箱港口。（　）

10. 集装箱整箱货在港口不能露天堆存。（　）

11. 集装箱海陆工艺方式是以底盘车为主的工艺系统。（　）

12. 马士基海陆船公司的英文是 Maersk-Sealand。（　）

13. CCNI 是太平船务公司。（　）

14. 集装箱运输实务中所称的集装箱箱号通常由 10 位字符组成，其中前 4 位为字母，代表箱主代码，后 6 位为数字，分别代表集装箱顺序号和核对数。（　）

15. 集装箱的长、宽、高的外部尺寸分别是：30 英尺、8 英尺、9.6 英尺，这种集装箱是 1BB。（　）

16. 在对集装箱内部进行检查时，要对箱子的内侧进行六面查看，是否漏水、漏光有无污点、水迹等。（　）

17. 如果合同中订有损害修理条款，则还箱时租箱人无须对集装箱的损坏承担责任。（　）

18. 门到门运输条款对应的集装箱货物交接方式为整箱接、整箱交。（　）

19. 实践中，有时会将基本运费和附加费合并在一起，以包干费的形式计收运费，此时的运价称为包干费率，又称“全包价”。（　）

20. 货运代理委托书详列托运各项资料、委办事项及工作要求。（　）

21. 货运代理接受委托后，根据货主提供的要求，向船公司或船代预定舱位，即订舱。（　）

22. 排载是货运代理去船公司代理处办理舱位确认，以正式确认船公司同意接受货物的运输行为。（　）

23. 订舱是托运人向承运人申请货物运输，承运人对这种申请给予承诺的行为。（　）

24. 货物装船前，货主需办理提箱手续。（　）

25. 集装箱出口场站收据联单包括货主留底联、装货单联、场站收据副本大副联、场站收据正本联等。（　）

26. 集装箱货物向海关出口申报放行，海关核查在装货单联上盖放行章。（　）

27. 在集装箱货物出口运输中，集装箱设备交接单主要是货主或货运代理人领取空箱出场及运送重箱装船的交接凭证。（ ）

28. 集装箱设备交接单的出场目的/状态一栏，如提取空箱，目的是“卸船”，状态是“重箱”。（ ）

29. 船舶代理人在收到进口货物单证资料后，通常会向收货人发出到货通知书。（ ）

30. 收货人凭提货单向海关办理进口放行。（ ）

31. 交货记录联记载集装箱货物进口提货交接的具体情况。（ ）

32. LCL 是拼箱货。（ ）

33. 在满足有关规定的情况下，国际货运代理企业可以从事集装箱货物的拼箱业务，并签发自己的运输单证。在从事拼箱业务（混拼业务）时，若发现拼箱货物误装、误卸，应及时向各挂靠港的 CFS 发出 cargo tracer，以查清情况。（ ）

34. 拼箱货在交接时，只需要箱子外表状况良好，关封良好。（ ）

35. 提单是向海关申报出口的主要单证。（ ）

36. 在 CIF 贸易术语下，提单的托运人是卖方。（ ）

37. 集装箱班轮公司提单的签发日期是船舶开航日期。（ ）

38. 正本提单上会加注“original”的字样。（ ）

39. 无船承运人通常为拼箱货签发无船承运人提单，不可以为整箱货签发无船承运人提单。（ ）

40. 班轮公司通常为整箱货签发提单，不为拼箱货签发提单。（ ）

41. 在正常情况下，向银行办理结汇时，都应该提交清洁提单。（ ）

42. 在正常情况下，银行将拒绝以不清洁提单办理结汇。（ ）

43. 不记名提单由出让人将提单交付给受让人即完成转让，谁持有提单，谁就有权提货。（ ）

44. 记名提单可以避免因转让而带来的风险，但也失去了其代表货物可转让流通的便利。（ ）

45. 承运人签发预借提单要冒极大风险，一旦引起货物损坏，承运人不但要负责赔偿，而且还要丧失享受责任限制和援用免责条款的权利。（ ）

46. 顺签 B/L 是指在货物装船完毕后，承运人或代理人应托运人的要求而签发的提单，但是该提单上记载的签发日期晚于货物实际装船完毕的日期。（　）

47. 过期提单是在取得提单后未能及时到银行议付的提单。（　）

48. 多式联运提单下的货物由两种或两种以上不同运输工具共同完成全程运输。（　）

49. 提单签发的 3 份正本具有相同的效力。（　）

50. 提单在签发人和发货人之间是最终证据。（　）

51. 海运单不具有提单“物权凭证”的作用。（　）

52. 收货人在目的地出示有效身份证件证明他是海运单上记载的收货人，办完相关手续，收货人可以提货。（　）

53. 在 CIF 贸易术语下，海运单的通知方一定是买方。（　）

54. 承运人掌管之下货物被盗属于货运事故。（　）

55. 承运人凭保函签发清洁提单不存在任何风险。（　）

56. 提出货物索赔的人原则上是货物所有人，或提单上记载的收货人或合法的提单持有人。因此，货运代理人不可以代替他们办理货运事故的索赔事宜。（　）

57. 索赔申请书是索赔人向承运人正式要求赔偿的书面文件。（　）

58. 隐藏损害一旦发生，货损货差由船公司负责赔偿。（　）

59. 危险易燃液体货物的闪点越高，其易燃性越大，易燃危险性也越大。（　）

60. 危险货物的标志图形符号主要有爆炸的炸弹、火焰、气瓶、三叶形图形等，其中三叶形图形符号表示该货物具有辐射性。（　）

61. 危险货物拟交付船舶运输，包装容器生产厂家需出具“海运出口危险货物包装容器性能鉴定证书”。（　）

62. 危险货物托运单上的货物名称必须用正确的化学学名或技术名称，不能使用人们不熟悉的商品俗名。（　）

63. 冷藏集装箱所装载的货物可分为冷藏货物和冷冻货物两种。（　）

64. 冷冻货装箱时，应注意货物不要堵塞冷气通道，天棚不用留有间隙。（　）

65. 航次租船租期的长短取决于完成一个航次或几个航次所用的时间。为此航次租船合同规定完成一个航次或几个航次所需的时间。（　）

66. 包运租船方式在很大程度上具有连续航次租船形式的基本特征。（ ）

67. 光船租船由租船人指定船长、船员。（ ）

68. 速遣费由租船人支付给船东。（ ）

69. 航次租船下，WWDSHEXUU 术语与 WWDSHEXEIU 术语相比较而言，前者有利于船舶承租人，后者有利于船舶出租人。（ ）

70. 船舶在运输途中遇到海盗袭击受损，属于意外事故造成的。（ ）

71. 海上货物施救过程中产生的费用可由保险公司承担。（ ）

72. 在海运过程中，被保险物全部灭失，这种海上损失属于实际全损。（ ）

73. 投保人可以根据货物的特点、运输路线情况选择平安险、水渍险和一切险三种基本险中任意一种。（ ）

74. 根据中国人民保险公司《海洋运输货物保险条款》的规定，货物在运输过程中由于自然灾害和运输工具发生意外事故造成被保险货物的实际全损，由于运输工具遭遇搁浅、触礁、沉没、互撞等情况造成保险货物的全部和部分损失，是属于平安险险别的保险范围。（ ）

75. 一切险是指只要货物在海上运输途中发生风险，保险公司就赔偿。（ ）

76. 如果投保了一切险，就无须投保一般附加险。（ ）

77. ICC 条款中的 A 险相当于 CIC 条款中的一切险。（ ）

78. 保险单既是保险公司出具的承保证明，也是被保险人凭以向保险公司索赔的依据。（ ）

79. 保险单的签发日期不得迟于运输单据的签发日期。（ ）

二、单项选择题（选择一个正确的答案，将相应的字母填入题内的括号中）

1. （ ）属于班轮运输的特点。

A. 班轮公司负责装卸　　B. 班轮公司不负责装卸

C. 承运人和货主之间计滞期费　　D. 承运人和货主之间计速遣费

2. 班轮船期表的内容包括（ ）。

A. 货主名称　　B. 预计到离港时间

C. 提单号　　D. 货名

3. 集装箱班轮运价的定价原则首先采用（　　）原则。

A. 货物对运价承受能力　　B. 完全由市场决定

C. 班轮公司成本+利润　　D. 由船公司和货主协商确定

4. 影响运价水平的主要因素是（　　）。

A. 贸易术语　　B. 信用证条款　　C. 运价成本　　D. 保险类别

5. 班轮运输的运费应该（　　）。

A. 包括装卸费，不计滞期和速遣费

B. 包括装卸费，但应计滞期费、速遣费

C. 包括装卸费，但应计滞期费，不计速遣费

D. 包括装卸费，但应计速遣费，不计滞期费

6. 某船从上海港装运0.55立方米鹿茸到伊拉克的巴士拉港，CIF价为22 500美元，从价费率为2%，则该船全程运费为（　　）美元。

A. 405　　B. 436.77　　C. 450　　D. 12 375

7. 集装箱的使用超出了免费使用期，承运人向集装箱使用者收取（　　）。

A. 滞期费　　B. 储存费　　C. 保管费　　D. 无须收费

8. 按商品的FOB价格的一定百分比计收的集装箱运输附加费是（　　）。

A. 旺季附加费　　B. 货币贬值附加费

C. 超额责任附加费　　D. 目的地交货费

9. CIF术语的运费支付方式是（　　）。

A. 预付运费　　B. 到付运费　　C. 第三地支付　　D. 比例运费

10. 预付运费支付时间在（　　）。

A. B/L签发前　　B. B/L签发后

C. D/O签发前或当时　　D. 交货后

11. 目前，世界上规模最大的三条集装箱航线是太平洋航线、大西洋航线和（　　）航线。

A. 远东—北美　　B. 远东—欧洲、地中海

C. 北美—远东、地中海　　D. 东南亚

12. 奥克兰港是（　　）航线上的集装箱货物运输港口。

A. 泛太平洋　B. 澳新　C. 跨大西洋　D. 欧地线

13. 苏伊士港是（　　）航线上的集装箱货物运输港口。

A. 东南亚　B. 澳新　C. 太平洋　D. 印度洋

14. 科伦坡是（　　）航线上的一条集装箱货物运输港口。

A. 东南亚　B. 澳新　C. 太平洋　D. 印度洋

15. 下列港口中，（　　）港的集装箱吞吐量目前最大。

A. 广州　B. 大连　C. 青岛　D. 香港

16. Ko Be port 是（　　）的港口。

A. 横滨　B. 神户　C. 大阪　D. 香港

17. Long Beach port 是（　　）港。

A. 洛杉矶　B. 神户　C. 长滩　D. 光阳

18. 集装箱货物在堆场的水平运输采用（　　）。

A. 集卡　B. 叉车　C. 水平输送平带机　D. 卡车

19. “海陆”方式即（　　）。

A. 底盘车系统　B. 跨运车系统

C. 轮胎式龙门起重机系统　D. 轨道式龙门起重机系统

20. 铁行渣华船公司的英文是（　　）。

A. Maersk-Sealand　B. Evergreen

C. P&O Nedlloyd　D. Hanjing Shipping Co.

21. 中远集运的英文名称是（　　）。

A. COSCO　B. China Shipping

C. Sinotrans　D. CMA

22. RCL 船公司是（　　）。

A. 宏海箱运　B. 以星航运　C. 现代商船公司　D. 阳明海运

23. 东方海外船公司的英文缩写是（　　）。

A. ZIM　B. OOCL　C. YML　D. CMA

24. 假设某船务公司的某集装箱的箱主代号、顺序号为COSU800121，则该集装箱的核对号为（　　）。

A. 5　　B. 6　　C. 7　　D. 8

25.（　　）表示集装箱是冷藏箱。

A. 09　　B. 30　　C. 50　　D. 59

26.（　　）表示集装箱是通用集装箱。

A. 09　　B. 30　　C. 50　　D. 59

27. 集装箱的长、宽、高的外部尺寸分别是：20英尺、8英尺、8英尺，这种集装箱是（　　）。

A. 1A　　B. 1AAA　　C. 1C　　D. 1B

28. 要能够起到运输中保护货物等作用，集装箱应符合的基本条件为（　　）。

A. 1立方米以下的体积

B. 四柱、六面、八角完好

C. 集装箱内部所装的货物必须有良好的外包装

D. 清洁、干燥、无味、无菌

29. 以下货物中，（　　）适宜装载干货集装箱。

A. 冷冻货或严格要求保持一定温度的货物

B. 小五金

C. 需要特别通风的货物

D. 活动物等

30.（　　）是指租用集装箱一个单航次或往返航次，或连续几个单航次或往返航次的租赁。

A. 定期租赁　　B. 程租租赁　　C. 活期租赁　　D. 融资租赁

31.（　　）是损害修理条款。

A. DPP　　B. ETC　　C. DDP　　D. FOB

32.（　　）是提前终止条款。

A. DPP　　B. ETC　　C. DDP　　D. FOB

33. 下列属于包箱费率的是（ ）。

A. 不同等级费率　B. FAK

C. 重量/尺码选择费率　D. FOB

34. 货运代理人在（ ）上签字，证明出口企业和货运代理人之间契约行为成立。

A. 托运单　B. 装箱单　C. 场站收据正本　D. 装货单

35. （ ）在托运单上签字，证明出口企业和货运代理人之间契约行为成立。

A. 货运代理人　B. 发货人　C. 海关　D. 船长

36. 货运代理委托书不包括（ ）。

A. 托运货物内容　B. 保险单需记载的内容

C. 提单需记载的事项　D. 货物交、运日期

37. 船公司争取货源的行为，称为（ ）。

A. 订舱　B. 委托　C. 揽货　D. 接受委托

38. 货运代理接受委托后，根据货主提供的要求，向船公司或船代预定舱位即（ ）。

A. 揽货　B. 接受委托　C. 货物运输　D. 订舱

39. 航运旺季时，如果要订 12 月 11 日的船舶，（ ）向船公司订舱较为合适。

A. 12 月 1 日　B. 12 月 10 日　C. 5 月 1 日　D. 12 月 11 日

40. 船代办理的排载手续是表示（ ）。

A. 船公司初步确认愿意承运发货人的货物

B. 船公司正式同意接受货物的运输

C. 船公司对船舶的载重量进行排查

D. 货主确认是否进行托运

41. （ ）手续办好，订舱环节才算完成，船公司正式确认同意该货物的运输。

A. 订舱申请　B. 排载　C. 截单　D. 货物装箱进场

42. 货运代理人向（ ）提出用箱申请。

A. 船方　B. 货主　C. 堆场　D. 海关

43. （ ）是指原来应该在其他港口卸下的货物卸在本港。

A. 溢卸　B. 短卸　C. 溢装　D. 短装

44. （　　）是指原来应该在本港卸下的货物遗漏未卸。

A. 溢卸　　B. 短卸　　C. 溢装　　D. 短装

45. 变更卸货港提取整箱货时，收货人在办理提货手续时，需要交出（　　）。

A. 全套正本提单　　B. 一份正本提单　　C. 副本提单　　D. 海运单

46. 场站收据中黄联是（　　）。

A. 场站收据正本联　　B. 场站收据大副联

C. 货主留底联　　D. 装货单联

47. 海关在（　　）上盖放行章，表明货物可放行。

A. 运费通知联　　B. 货主留底联　　C. 配舱回单联　　D. 装货单联

48. 在国际海上货物运输中，场站收据的作用是（　　）。

A. 承运人已收到托运货物并开始对其负责任的证明

B. 换取海运提单或联运提单的凭证

C. 进口货物报关的凭证之一

D. 集装箱空箱发放和交接凭证

49. 在集装箱货物出口运输中，（　　）主要是货主或货运代理人领取空箱出场及运送重箱装船的交接凭证。

A. 集装箱设备交接单　　B. 集装箱场站收据正本联

C. 提单　　D. 装箱单

50. 集装箱设备交接单是（　　）。

A. 货主或货运代理人领取空箱出场及运送重箱装船的交接凭证

B. 集装箱所装货物的明细单

C. 货物进出口报关凭证

D. 货主订舱凭证

51. 拼箱货情况下，（　　）负责货物的装箱和缮制装箱单。

A. 集装箱货运站　　B. 发货人　　C. 海关　　D. 船公司

52. （　　）可作为发货人、集装箱货运站与集装箱码头堆场之间货物的交接单证。

A. 集装箱装箱单　　B. 托运单　　C. 交货记录单　　D. 小提单

53. 到货通知书由船公司或船代发给（　　）。

A. 发货人　　B. 收货人　　C. 货运代理人　　D. 海关

54. 货物进口时，海关在（　　）上规定栏目内盖放行章。

A. 提货单　　B. 费用账单　　C. 提单　　D. 装货单

55. 收货人或代理人到港区或堆场提取货物，如果货物发生损坏，应在（　　）上记载。

A. 提单　　B. 提货单

C. 集装箱设备交接单　　D. 交货记录联

56. 船舶载货清单（M/F）是（　　）。

A. 根据大副收据或提单编制的全船实际载运货物汇总清单

B. 根据托运单留底联编制的全船待装货物汇总清单

C. 待装船货物清单

D. 托运货物清单

57. 下面选项中，（　　）表示拼箱货。

A. FCL　　B. LCL　　C. CY　　D. CFS

58. LCL 表示（　　）。

A. 整箱货　　B. 散货　　C. 拼箱货　　D. 件杂货

59. L/C CFS－CFS、B/L CY－CY 货物出运是签发（　　）。

A. 一套船公司 B/L　　B. 一套无船承运人 B/L、一套船公司提单

C. 一套整箱货 B/L　　D. 一套货代 B/L

60. 拼箱货由（　　）装入集装箱，并加关封。

A. 集装箱班轮公司　　B. 集装箱货运站

C. 托运人　　D. 海关

61. LCL 货物由（　　）装箱，制作装箱单。

A. 托运人　　B. 收货人　　C. NVOCC　　D. 海关

62. 在对拼箱货进行交接时，关系方（　　）需要确定货物具体的交接状况。

A. 货运站和货主　　B. 船公司和货主

C. 发货人和收货人　　D. 货运站和船公司

63. 提单是（　　）。

A. 运输合同　　B. 有价证券　　C. 仓库收据　　D. 仓库凭证

64. 在 FOB 贸易术语下，按照我国《海商法》的规定，提单的托运人是（　　）。

A. 卖方　　B. 卖方或者买方均可

C. 船公司　　D. 买方

65. 在 FOB 贸易术语下，按照我国《海商法》的规定，提单的收货人是（　　）。

A. 卖方　　B. 卖方或者买方均可

C. 看具体情况而定　　D. 海关

66. 在 CIF 贸易术语下，按照我国《海商法》的规定，提单的通知方是（　　）。

A. 卖方　　B. 收货人或者收货人指定的代理人

C. 船公司　　D. 海关

67. 在 FOB 贸易术语下，按照我国《海商法》的规定，提单的收货人是（　　）。

A. 卖方　　B. 收货人或者收货人指定的代理人

C. 船公司　　D. 海关

68. （　　）具有物权凭证的作用。

A. 副本提单　　B. 正本提单

C. 正本提单的复印件　　D. 副本提单的复印件

69. 提单是证明货物已由承运人接管或已装船的（　　）。

A. 货物收据　　B. 仓库收据　　C. 运输合同　　D. 保险证明

70. 在集拼箱操作下，对于（　　），无船承运人签发无船承运人提单。

A. 班轮公司　　B. 拼箱货货主　　C. 货运代理人　　D. 集拼箱经营人

71. 在集拼箱操作下，对于（　　），班轮公司签发班轮公司提单。

A. 班轮公司　　B. 拼箱货货主　　C. 信用证受益人　　D. 集拼箱经营人

72. 件杂货运输下，发货人通常凭大副收据向船公司换取（　　）。

A. 舱面货提单　　B. 不清洁提单　　C. 已装船提单　　D. 收货待运提单

73. （　　）不是收货待运提单上记载的内容。

A. 装货港　B. 装运船的船名　C. 卸货港　D. 收货人

74. 承运人或其代理人在签发提单时未加任何相反的对货物的批注，则表明该提单是（　）。

A. 清洁提单　B. 不清洁提单　C. 已装船提单　D. 收货待运提单

75. 不记名提单在转让时，正确的操作是（　）。

A. 不可转让　B. 背书后可以转让

C. 承运人背书后可以转让　D. 无须背书即可转让

76. 提单的收货人一栏记载“to the order of ABC”，这张提单经过（　）的背书后可以转让。

A. 托运人　B. 承运人　C. ABC　D. 通知方

77. 提单的收货人一栏记载“to order”，这张提单经过（　）的背书后可以转让。

A. 托运人　B. 承运人　C. 收货人　D. 通知方

78. 记名提单具有（　）的特点。

A. 不可转让　B. 背书后可以转让

C. 承运人背书后可以转让　D. 无须背书即可转让

79. 在下列提单中，（　）背书后可转让。

A. 记名提单　B. 不记名提单　C. 指示提单　D. 已装船提单

80. （　）是预借提单。

A. 货物尚未装船或货物尚未装船完毕时，承运人提前签发的已装船提单

B. 货物已装船完毕，提单上记载的签发日期早于货物实际装船完毕日期

C. 货物已装船完毕，提单上记载的签发日期晚于货物实际装船完毕日期

D. 货物装船完毕，船公司按实际装船完毕日期所签的提单

81. （　）是倒签提单。

A. 货物尚未装船或货物尚未装船完毕时，承运人提前签发的已装船提单

B. 货物已装船完毕，提单上记载的签发日期早于货物实际装船完毕日期

C. 货物已装船完毕，提单上记载的签发日期晚于货物实际装船完毕日期

D. 货物装船完毕，船公司按实际装船完毕日期所签的提单

82. 顺签提单签发日期比货物实际装船日期（　　）。

A. 早　B. 一样　C. 晚　D. 可以早，也可晚

83. 一票货物于2009年9月10日开始装船，并于同月12日全部装上船，同日船舶开航。承运人签发的签发日期为13日的已装船提单通常称为（　　）。

A. 倒签提单　B. 顺签提单　C. 预借提单　D. 待运提单

84. 已知运输条款门到门，提单内容记载收货地石家庄、装船港天津、卸船港长滩、交货地匹兹堡，该提单是（　　）。

A. 直达海运提单　B. 海海转运提单

C. 海海联运提单　D. 多式联运提单

85. 集装箱货物装于全集装箱船的甲板上，对于这样的货物，签发提单时需注意（　　）。

A. 加注“on deck”　B. 加注“under deck”

C. 无须加注“on deck”　D. 加注“in hold”

86. 对于装载在甲板上的铁矿石，签发提单时需注意（　　）。

A. 加注“on deck”　B. 加注“under deck”

C. 无须加注“on deck”　D. 加注“in hold”

87. B/L中同时记载货物件数、重量、尺码、价值，其赔偿标准是（　　）。

A. 件数　B. 重量　C. 尺码　D. 价值

88. 可以用来表示正本提单第三联的方式有（　　）。

A. 3nd cory　B. third copy　C. triplicate　D. surrended

89. 提单在契约承运人与收货人之间是（　　）。

A. 运输合同　B. 初步证据　C. 运输合同证明　D. 最终证据

90. Sea－B/L的提单签发人是（　　）。

A. NVOCC　B. 货代　C. 港口　D. 班轮公司

91. 海运单是承运人收到货物，或者货物已经装船后，签发给托运人的（　　）。

A. 运输合同　B. 货物收据　C. 物权凭证　D. 交货凭证

92. 海运单是承运人与托运人之间的（　　）。

A. 海上货物运输合同　　B. 海上货物运输合同的证明
C. 物权凭证　　D. 交货凭证

93. 在 FOB 贸易术语下，海运单的托运人是（　　）。
A. 卖方　　B. 卖方或者买方均可
C. 船公司　　D. 买方

94. 在 CIF 贸易术语下，海运单的收货人是（　　）。
A. to the order of ××× company　　B. 买方
C. to the order of shipper　　D. 买方或者买方指定的收货人

95. 在 FOB 贸易术语下，海运单的收货人是（　　）。
A. to the order of ××× company　　B. 买方或者买方指定的收货人
C. 货运代理人　　D. 海关

96. 在 FOB 贸易术语下，海运单的收货人是（　　）。
A. 卖方　　B. 收货人或者收货人指定的代理人
C. 船公司　　D. 海关

97. 狭义上的货运事故是指运输中发生的货损货差事故。广义上的货运事故还可以包括运输单证差错、迟延交付货物、海运中的“无单放货”等情况，（　　）属于货运事故。
A. 船方管船过失　　B. 货物的内在缺陷
C. 收货人拒绝提货　　D. 银行拒绝议付

98. 当货物存在问题时，托运人会出具保函，承运人凭保函签发清洁提单时，下列说法错误的是（　　）。
A. 承运人不能以保函对抗善意第三人
B. 承运人可能丧失责任限制的权利
C. 如果保函具有欺骗性质，则保函在承运人和托运人之间无效
D. 如果保函是善意的，则保函在承运人和收货人之间有效

99. 根据我国《海商法》的规定，承运人对国际海上集装箱货物运输的责任期间，是指（　　），货物处于承运人掌管下的全部期间。
A. 从货物装上卡车时起至货物卸下卡车时止

B. 从货物装上船时起至货物卸下船时止

C. 从装货港接受货物时起至卸货港交付货物时止

D. 从接受货物时起至交付货物时止

100. 在海上货物运输中，当发生货损货差事故时，(　　) 有权向承运人提起索赔。

A. 正本 B/L 转让后的转让人　　B. 正本 B/L 转让后的受让人

C. 正本 B/L 转让前的收货人　　D. 正本 B/L 转让后的发货人

101. (　　) 的提出意味着索赔人正式向承运人提出了赔偿要求。

A. 提单　　B. 大副收据　　C. 索赔函　　D. 报关单

102. 在隐藏损害情况下，货物具有 (　　) 的特点。

A. 集装箱外表状况良好，关封良好，但箱内货物发生损失，而且无法确定损坏的原因和责任方

B. 集装箱外表状况破损，关封良好，箱内货物发生损失

C. 集装箱外表状况良好，关封丢失，箱内货物发生损失

D. 集装箱外表状况破损，关封丢失，箱内货物发生损失

103. 隐藏损害一旦发生，下列有关赔偿的说法正确的是 (　　)。

A. 任何情况下，船公司不赔偿　　B. 任何情况下，托运人不赔偿

C. 任何情况下，保险公司赔偿　　D. 谁装箱，谁负责赔偿

104. 在国际海上危险货物运输中，LD50 毫克/千克表示危险货物的 (　　) 大小指标。

A. 燃烧性　　B. 毒害性　　C. 腐蚀性　　D. 放射性

105. 危险货物的标志图形符号主要有爆炸的炸弹、火焰、气瓶、三叶形图形等，其中炸弹符号表示该货物具有 (　　)。

A. 磁性　　B. 放射性　　C. 腐蚀性　　D. 爆炸性

106.《国际海运危险货物规则》中的第 1 大类危险货物是 (　　)。

A. 放射性物质　　B. 易燃液体　　C. 爆炸品　　D. 腐蚀性物质

107. 根据《国际海运危险货物规则》的规定，在海运危险货物运输中，当使用铁桶装载危险货物时，下列表述正确的是 (　　)。

A. 单件最大容积为 450 升　　B. 单件最大容积为 220 升

C. 单件最大净重为 200 千克　　　　D. 单件最大净重为 450 千克

108. 根据规定，在（　　）危险货物运输中，当使用铁桶装载危险货物时，单件最大容积为 450 升。

A. 空运　　B. 公路运输　　C. 铁路运输　　D. 海运

109. 下列叙述错误的是（　　）。

A. 危险货物托运单上的货物名称必须用正确的化学学名或技术名称

B. 氧化剂和易燃液体可以缮制在一张托运单上

C. 托运单上必须注明危险货物 dangerous cargo 字样

D. 托运单上必须注明危险货物的性质和类别

110. 在国际海上货物运输中，除非《国际海运危险货物规则》中另有规定，一切装有危险货物的包件应以耐久的标志或标志图案明确表明该危险货物的特性。应做到使其在海水中至少浸泡（　　），其标志或标志图案仍清晰可辨。

A. 5 个月　　B. 1 个星期　　C. 3 个月　　D. 5 个星期

111. （　　）指一般选定不冷结的温度，或是货物表面有轻微结冻的温度，其温度范围为 11～－1℃。

A. frozen cargo　　B. 冷冻货物　　C. chilled cargo　　D. 冷藏货物

112. 下列叙述正确的是（　　）。

A. 冷冻货装箱时，无须对集装箱进行预冷，可以直接装箱

B. 装载冷却货物时，集装箱的通风口必须关闭

C. 运输水果蔬菜时，集装箱的通风口必须打开

D. 冷冻货可以用纸、板等材料作衬垫物

113. 假如托运人在航空运输时要求冷藏运输，航空公司通常用（　　）冷藏。

A. 冰块　　B. 干冰　　C. 液氮　　D. 专用冷却液

114. （　　）不属于定期租船合同下承租人支付的项目。

A. 港口使用费　　B. 装卸费　　C. 船舶维修保养费　　D. 引水费

115. 航次租船中由（　　）指定船长、船员。

A. 船东　　B. 租船人　　C. 货运代理人　　D. 无船承运人

116. 目前在国际航运租船市场中，通常都采用比较有影响的标准租船合同格式。统一杂货租船合同（uniform general charter），简称“金康（GENCON）合同”，属于（　　）。

A. 航次租船合同　B. 定期租船合同　C. 光船租船合同　D. 航次期租合同

117. 光船租船中由（　　）指定船长、船员。

A. 船东　B. 租船人　C. 货运代理人　D. 无船承运人

118. 滞期费是由（　　）支付给船东。

A. 无船承运人　B. 货运代理人　C. 租船人　D. 船务代理人

119. 滞期费是（　　）。

A. 买方向卖方收取的因卖方延期交货而造成损失的补偿费

B. 卖方向买方收取的因买方责任致使延期交货而造成损失的补偿费

C. 租船人未按约定日期完成装卸定额，延误了船期而付给船方的罚款

D. 船方装卸太慢而向货方支付的赔偿费

120. 速遣节省的全部时间是指（　　）。

A. 扣除节假日　B. 节假日按一半时间计算

C. 节假日按装卸时间计算　D. 节省的全部时间

121. 在航次租船合同中，表示承运人不负责装货费用，但负责卸货费用的条款是（　　）。

A. FILO　B. FIOST　C. LIFO　D. LINERTERM

122. 航次租船合同下，下列（　　）术语表明如果在星期天、节假日内进行装卸作业，也计入装卸时间。

A. WWDSSHEX　B. WWDSHEX

C. WWDSHEXEIU　D. WWDSHEXUU

123. 受载期是船舶在租船合同规定的日期内到达约定的装货港，并做好装货准备的期限。如果航次租船合同规定受载期为11月1日至11月5日，船舶可以在（　　）抵达约定的装货港，并做好准备。

A. 10月28日　B. 10月29日　C. 11月2日　D. 11月6日

124. 美国海关24小时预申报规则要求，船公司或无船承运人以电子数据方式向美国海

关递交（　）。

A. 装货清单　B. 载货清单　C. 货物积载图　D. 集装箱装箱单

125. 美国海关 AMS 规则要求，船公司或无船承运人在（　）前 24 小时应以电子数据方式向美国海关递交载货清单。

A. 装港开航　B. 装港装货

C. 抵达美国港口　D. 离开美国港口

126.（　）是指偷窃、雨淋、破碎、串味、钩损、锈损、渗漏、玷污、受潮受热、短量、包装破裂等。

A. 一般外来风险　B. 特殊外来风险　C. 海上风险　D. 自然灾害

127.（　）是被救人付给救助人的一种报酬。

A. 施救费用　B. 救助费用　C. 装卸费用　D. 转运费用

128. 保险标的物在运输途中全部灭失，这种损失为（　）。

A. 实际全损　B. 推定全损　C. 单独海损　D. 共同海损

129. 单独海损仅涉及受损货物的所有者单方面的利益，由受损方承担损失，这种损失（　）。

A. 属部分损失　B. 属全部损失

C. 属推定全损　D. 有时属全部损失，有时是部分损失

130. 我国公司以 CIF 条件签订出口合同，应替国外客户投保，从费用最小的角度考虑，按照《国际贸易术语解释通则》规定应投保（　）。

A. 平安险和战争险　B. 平安险

C. 水渍险　D. 一切险

131. 我国保险公司把国际海洋运输货物的保险险别分为平安险、水渍险和一切险三种基本风险。（　）不属于平安险的保险范围。

A. 某载运货物的船舶在驶往某国的途中触礁沉没，货物灭失

B. 某国际航行船舶在驶往国外途中着火，部分货物灭失

C. 某批进口货物在卸货过程中有两箱货物落入海中，造成货物灭失

D. 某批出口货物在装卸过程中，吊车将货物包装钩破，造成货物损失

132. 以 CFR 大连贸易术语进口一批水泥，在卸货时遇阵雨，部分水泥已无使用价值。进口商事先已投保水渍险，（ ）。

A. 保险公司不负责赔偿　　B. 保险公司负责赔偿部分损失

C. 保险公司负责赔偿全损　　D. 出口商承担损失

133. 依据人民保险公司《海洋运输货物保险条款》，一批货物投保了水渍险，运输途中（ ），保险公司予以赔偿损失。

A. 货物遭淡水雨淋　　B. 货物部分被偷窃

C. 货物遇台风部分受损　　D. 发生战争造成部分货损

134. 下列不属于一切险承保范围内的险别是（ ）。

A. 偷窃提货不着险　　B. 交货不到险

C. 包装破裂险　　D. 渗漏险

135. 战争险和罢工险属于（ ）。

A. 一切险　　B. 特殊附加险　　C. 一般附加险　　D. ICCA 险

136. 货物在出发前就已存在品质不良或数量短缺，这种情况不属于（ ）的责任范围。

A. 水渍险　　B. 基本险　　C. 平安险　　D. 一般附加险

137. 根据 PICC 的《海洋运输货物保险条款》的规定，三种基本险的保险人保险责任起讫期限均采用（ ）。

A. door to door　　B. warehouse to warehouse

C. 船到船　　D. CY to CY

138. 根据现行伦敦保险协会《海洋运输货物保险条款》的规定，采用"一切风险减除外责任"的办法表示的险别是（ ）。

A. ICCA　　B. ICCB　　C. ICCC　　D. ICCD

139. ICC 条款中的 A 险相当于 CIC 条款中的（ ）。

A. 平安险　　B. 水渍险　　C. 一切险　　D. 综合险

140. 如果信用证规定"Insurance policy induplicate for full CIF value plus 10% covering All Risks and endorsed in Blank as per ocean marine cargo clauses of the PICC dated 1/1/

1981。”其背书方式是（　　）。

A. 指示性背书　　B. 限制性背书　　C. 空白背书　　D. 记名背书

141. 除非信用证另有规定，保险单上的最低保险金额应为（　　）。

A. CIF 金额　　B. CIF 另加 10%的金额

C. CIF 另加 20%的金额　　D. CIF 另加 15%的金额

142. 某出口商出口国外一批服装，合同金额为 CIF 价格 120 000 美元，保险费率为 0.3%，保险费用为（　　）美元。

A. 360　　B. 120　　C. 396　　D. 432

三、多项选择题（选择一个以上正确的答案，将相应的字母填入题内的括号中）

1. 班轮船期表的主要内容包括（　　）。

A. 航线　　B. 船名、航次、编号

C. 始发港、中途港、终点港　　D. 运价

E. 到达和驶离各港的时间

2. 班轮运价的特点主要表现在（　　）。

A. 运价水平较高　　B. 货物对运费的负担能力较强

C. 班轮运价在时间上相对稳定　　D. 班轮运价是一种完全竞争价格

E. 班轮运价的制定采用运输成本定价和负担总能力结合的定价原则

3. 运价水平的变动除了受到运输成本的影响之外，还受（　　）因素的影响。

A. 航运市场结构　　B. 承运的货物　　C. 航线　　D. 港口状况

E. 保险类别

4. 班轮运费的计费标准包括（　　）。

A. 按“M”计收　　B. 按“W”计收

C. 按“W/M”计收　　D. 按 AD. val 计收

E. 按“AD. valor W/M”计收

5. 下列关于班轮运费附加费计算正确的说法是（　　）。

A. 如果单件货物既超长又超重，则两者应分别计算附加费，然后按其中收费高的一项收取附加费

B. 超长货物需要转船时，则每转船一次，加收一次

C. 以提单为标准收取起码运费后不再加收其他附加费

D. 班轮运费附加费必须预付

E. 船公司对集装箱整箱货物不再加收附加费

6. feight prepaid 是指运费支付时间在（　　）。

A. B/L 签发前　　B. B/L 签发后

C. D/O 签发前或当时　　D. 交货后

E. 装货港装货前后

7. 国际海运大洋航线包括（　　）航线。

A. 太平洋　　B. 大西洋　　C. 印度洋　　D. 北冰洋

E. 台湾海峡

8. 泛太平洋航线上的港口有（　　）。

A. 上海　　B. 西雅图　　C. 阿尔赫西拉斯　　D. 洛杉矶

E. 纽约

9. 跨大西洋航线包括（　　）航线。

A. 西北欧—北美东海岸各　　B. 远东—加勒比海

C. 西北欧—地中海、苏伊士运河　　D. 西北欧—好望角、东方

E. 澳、新—北美东西海岸

10. 下列港口中，集装箱吞吐量排名前三位的是（　　）。

A. 广州港　　B. 大连港　　C. 上海港　　D. 香港港

E. 新加坡港

11. 下面港口中属于美国的港口的是（　　）。

A. Osaka Port　　B. New York Port

C. Rotterdam Port　　D. Charleston Port

E. New Orleans Port

12. 集装箱的装卸工艺包括（　　）。

A. 海陆方式　　B. 麦逊方式

C. 装卸桥＋龙门起重机　　D. 底盘车工艺系统

E. 跨运车工艺系统

13. 下列船公司名称正确的有（　　）。

A. P&O Nedlloyd 铁行渣华船公司　　B. Hanjin Shipping Co. 韩进航运公司

C. Maersk-Sealand 长荣海运　　D. Mediterranean Shipping Co. 地中海航运

E. RCL 太平船务

14. 下列船公司中英文名称对照正确的是（　　）。

A. COSCO 中海集运　　B. NYK 日本邮船

C. K-line 川崎汽船　　D. MOL 三井商船

E. CMA 法国达飞船公司

15. 以下船公司中英文名称对照正确的有（　　）。

A. COSCO 中远集运　　B. ZIM 以星航运

C. China Shipping 中海集运　　D. PIL 太平船务

E. MSC 地中海航运

16. 集装箱号由以下部分组成（　　）。

A. 箱主代码　　B. 关封号　　C. 顺序号　　D. 核对数

E. 集装箱大小

17. 集装箱在装载货物之前应进行严格检查，通常对集装箱的检查应做到（　　）。

A. 外部检查　　B. 箱门检查　　C. 清洁检查　　D. 附属件的检查

E. 内部检查

18. 不同的货物应选择不同的集装箱，有关部分货物所适用箱型的说明，（　　）是正确的。

A. 笨重货物：可选择开顶集装箱、框架集装箱、平台集装箱

B. 危险货物：可选择干货集装箱、框架集装箱、冷藏集装箱

C. 贵重货物和易碎货物：可选择干货集装箱

D. 动植物：可选择动物集装箱、通风集装箱

E. 散货或液体货：可选择干货集装箱

19. 集装箱租赁包括（　　）租赁形式。

A. 定期（长期租赁）　　B. 程租

C. 活期（灵活租赁）　　D. 融资

E. 传统租赁

20. FCL—LCL 交接对应的运输条款有（　　）。

A. CY—CY　　B. CY—DOOR　　C. CFS—CY　　D. CY—CFS

E. DOOR—CFS

21. 下列对包箱费率的描述正确的是（　　）。

A. 也称为“不同等级费率”　　B. 也称为“均一费率”

C. 也称为“重量/尺码选择费率”　　D. 英文缩写是“FAK”

E. 对单位集装箱计收的运费

22. 货运代理人对托运单核对签认后，表明（　　）。

A. 出口企业和货运代理人之间契约行为成立

B. 货物可以装船

C. 可以签发提单

D. 可以收取运费

E. 货代可以进行租船订舱

23. 以下报刊或杂志中，可以刊登船期表，邀请货主前来托运货物的杂志是（　　）。

A.《中国远洋航务公报》　　B.《中国航务周刊》

C.《航运交易公报》　　D.《集装箱化》

E.《中国港口》

24. 货运代理接受委托后，根据货主提出的要求，向船公司或船代预定舱位即（　　）。

A. 揽货　　B. 接受委托　　C. 货物运输　　D. 订舱

E. 托运

25. 订舱时货代或货主需要向船公司确认的信息包括（　　）。

A. 船名　　B. 航次　　C. 关单号　　D. 装卸港

E. 海运费

26. 卸货地订舱是在（　　）价格术语之下进行。

A. FOB　　B. CIF　　C. CFR　　D. CPT

E. FCA

27. 整箱货出口，涉及的流程包括（　　）。

A. 提取空箱　　B. 货物装箱　　C. 货物内陆托运　　D. 还空箱

E. 换取提货单

28. 整箱货货物卸船涉及的流程包括（　　）。

A. 整箱货卸船　　B. 堆场代表承运人交货

C. 发货人将整箱运进堆场　　D. 堆场代表承运人接受

E. 收货人在堆场接受整箱货

29. 下列关于集装箱出口场站收据装货单联的描述正确的是（　　）。

A. 海关在装货联上盖章，表明货物可出口放行

B. 海关在装货联上盖章，表明货物可进口放行

C. 船公司在装货联上盖章，表明船公司已收到货物

D. 船公司在装货联上盖章，表明托运人可以凭此要求船上负责人将货物装上船

E. 可以凭装货单联换提单

30. 在国际海上货物运输中，场站收据的作用是（　　）。

A. 出口货物报关的凭证之一

B. 承运人已收到托运货物并开始对其负责的证明

C. 换取海运提单或联运提单的凭证

D. 船公司、港口组织装卸、理货和配载的凭证

E. 进口货物报关的凭证之一

31. 在签发集装箱进场设备交接单时，码头堆场人员与运箱人、用箱人共同审核的内容包括（　　）。

A. 集装箱归还人名称、地址　　B. 整箱货交箱货主名称、地址

C. 集装箱归还日期、时间　　D. 集装箱归还时外表状况

E. 进堆场目的，以及拟装船舶的船名、航次、航线、卸箱港等

32. 下面货物中的（　　），是由发货人负责货物的装箱，缮制装箱单。

A. FCL　　B. LCL　　C. 整箱货　　D. 拼箱货

E. 散货

33. 集装箱装箱单的主要作用有（　　）。

A. 作为发货人、集装箱货运站与集装箱码头堆场之间货物的交接单证

B. 作为通知船方集装箱内所装货物的明细表

C. 在卸货地点办理集装箱保税运输的单据之一

D. 当发生货损，处理索赔事故的原始单据之一

E. 卸货港集装箱货运站安排拆箱、理货的单据之一

34. 提货单的作用包括（　　）。

A. 收货人持提货单向海关办理进口放行手续

B. 收货人凭提货单向码头办理提货作业

C. 收货人凭提货单向银行办理付款买单

D. 发货人凭提货单办理货物装船手续

E. 货运代理人凭提货单向出口方提货

35. 收货人或代理人到港区或堆场提取货物，提货人应在（　　）规定的栏目内确认提取货物的具体情况。

A. 到货通知书　　B. 提货单　　C. 费用账单联　　D. 交货记录联

E. 货物残损单

36. 船舶载货清单（M/F）是（　　）。

A. 根据大副收据或提单编制的全船实际载运货物汇总清单

B. 根据托运单留底联编制的全船待装货物汇总清单

C. 船舶报关单证

D. 办理进口货物手续时海关验放单证

E. 汇总船员随船用品的清单

37. NVOCC 是（　　）。

A. 订合同的人　　B. 收运费的人

C. 收差价的人　　D. 对运输承担责任的人

E. 签 HBL 的人

38. 有关国际货运代理企业海运拼箱货的操作，下列表述正确的有（　　）。

A. 拼箱货操作一般不能接受指定货（即指定船公司的货物）

B. 拼箱货操作一般应接受指定货（即指定船公司的货物）

C. 收到拼箱货时不要核定丈量货物的尺码及重量

D. 收到拼箱货时要核定丈量货物的尺码及重量

E. 拼箱货的体积和重量不能大于 15 立方米或重于 15 吨

39. 下列关于拼箱货的装箱人的描述正确的是（　　）。

A. 拼箱货由集装箱货运站负责装箱

B. 拼箱货由集装箱货运站负责制作装箱单

C. 拼箱货由船公司负责装箱

D. 拼箱货由船公司负责制作装箱单

E. 拼箱货由托运人负责装箱

40. B/L 是（　　）。

A. 运输合同证明　　B. 货物收据　　C. 交货凭证　　D. 物权凭证

E. 运输合同

41. 在 FOB 贸易术语下，按照我国《海商法》的规定，提单的收货人可以是（　　）。

A. 卖方　　B. 空白　　C. to order　　D. 记名

E. 指示

42. 集装箱班轮公司提单的 on board date 是（　　）。

A. 船舶开航日期　　B. 货物装船完毕日期

C. 货物海关放行日期　　D. 货物进集装箱场站日期

E. 提单签发日期

43. 下面标注中，（　　）的提单是正本提单。

A. original　　B. copy

C. duplicate　　D. 没有关于正本或者副本的标注

E. surrended

44. on board B/L 签发表明（　　）。

A. 货物已装上船　B. 货物未装上船　C. 合同已订立　D. 合同已生效

E. 承运人责任已开始

45. 下面关于班轮公司提单的描述正确的是（　　）。

A. 班轮公司可以向无船承运人签发班轮公司提单

B. 班轮公司不可以向无船承运人签发班轮公司提单

C. 班轮公司提单可以向银行结汇

D. 班轮公司提单不可以向银行结汇

E. 班轮公司提单具有物权凭证的作用

46. 在（　　）情况下，出口商应要求承运人签发已装船提单。

A. 信用证特别规定须提交已装船提单

B. 信用证上载有 FOB、CFR 或 CIF 价格术语

C. 信用证规定须提交海运提单

D. 信用证规定须提交货运代理提单

E. 信用证规定须提交 on board 提单

47.（　　）是收货待运提单上记载的内容。

A. 明确的装船日期　B. 装运船的船名

C. 托运人　D. 收货人

E. 货物品名

48. 在（　　）情况下并不构成不清洁提单。

A. 提单上批注"短少一箱货物"

B. 提单上批注"旧箱"

C. 提单上批注"内容所称"

D. 提单上批注"承运人对因货物或包装性质所引起的风险不承担责任"

E. 提单上批注"包装破损"

49.（　　）可以转让。

A. 记名提单　　B. 指示提单　　C. 不记名提单　　D. 空运单
E. 海运单

50. 在收货人栏中记载（　　），属于指示提单。
A. to the holder　　B. to the bearer
C. to order　　D. to the order of shipper
E. to the order of ABC bank

51. 提单背书一般分为（　　）背书。
A. 记名　　B. 指示　　C. 空白　　D. 任意
E. 强制

52. 承运人签发预借提单，一旦引起货物损坏，承运人（　　）。
A. 负责赔偿　　B. 丧失享受责任限制
C. 丧失援用免责条款的权利　　D. 不负责赔偿
E. 享受责任限制

53. 出口商在货物装船取得提单后未能及时到银行议付，该提单将成为（　　）。
A. stale B/L　　B. 已装船提单　　C. 滞期提单　　D. 顺签提单
E. 过期提单

54. 多式联运提单具有的特点包括（　　）。
A. 两种或两种以上的运输方式　　B. 全程一张提单
C. 全程有一个多式联运经营人　　D. 海海联运提单也是多式联运提单
E. 海空联运提单也是多式联运提单

55. 对（　　），需要签发舱面货提单。
A. 装载在甲板上的木材　　B. 装载在甲板上的铁矿石
C. 装载在甲板上的集装箱　　D. 装载在舱内的粮食
E. 装载在甲板下的集装箱

56. 可以用来表示正本提单第二联的方式有（　　）。
A. 2nd original　　B. 2nd copy
C. duplicate　　D. second original

E. second copy

57. 下列关于提单在不同当事人之间的法律效力的说法正确的是（　　）。

A. 提单在签发人与发货人之间是初步证据

B. 提单在契约承运人与收货人之间是最终证据

C. 提单在签发人与发货人之间是最终证据

D. 提单在契约承运人与收货人之间是初步证据

E. 提单在签发人与发货人之间没有证据效力

58. 提单必须经签署才产生效力，有权签发提单的人包括（　　）等。

A. 承运人本人　　B. 载货船船长

C. 经承运人授权的代理人　　D. 经货主委托的货运代理人

E. 港口

59. 使用海运单可能的风险是（　　）。

A. 承运人易遭受无单放货的指责或索赔

B. 收货人没有正本海运单而提货困难

C. 托运人可能在将货装船出运后难以收回货款，造成钱货两空

D. 货物无法报关

E. 发货人无法收到货款

60. 在 FOB 贸易术语下，海运单的托运人可以是（　　）。

A. 卖方　　B. 买方　　C. 船公司　　D. L/C 开证申请人

E. L/C 受益人

61. 在 FOB 贸易术语下，海运单的收货人可以是（　　）。

A. 卖方　　B. 空白　　C. to order　　D. 记名

E. 买方

62. 狭义上的货运事故是指运输中发生的货损货差事故，广义上的货运事故还可以包括运输单证差错、迟延交付货物、海运中的“无单放货”等情况，下列（　　）属于货运事故。

A. 装卸工人操作不当造成货损　　B. 船员管货过失造成货损

C. 承运人掌管之下货物被盗　　　　D. 货物潜在缺陷

E. 银行拒绝付款

63. 承运人凭保函签发清洁提单所带来的风险有（　）。

A. 承运人不能以保函对抗善意第三人

B. 承运人可能丧失责任限制的权利

C. 船东保赔协会通常不负责给予赔偿

D. 向托运人追偿也比较困难

E. 货物内在缺陷造成的货损会转嫁给承运人

64. 依据我国《海商法》的规定，承运人对（　）原因造成的货损不负责任。

A. 船舶不适航　　B. 管货过失　　C. 航行过失　　D. 货物固有缺陷

E. 船方在航行中管船过失造成的货损

65. 在国际海上货物运输中，（　）通常是收货人向船公司/承运人提出损害赔偿要求的证明材料，也是船公司/承运人处理收货人索赔要求的原始资料和依据。

A. 过驳清单　　B. 装货单　　C. 货物溢短单　　D. 货物残损单

E. 提货单

66. 在隐藏损害情况下，货物具有（　）的特点。

A. 集装箱外表状况良好

B. 集装箱关封良好

C. 箱内货物发生损失，无法确定损坏的原因和责任方

D. 集装箱外表状况破损

E. 集装箱关封丢失

67. 根据《国际海运危险货物规则》的规定，（　）属于易燃液体类的危险品。

A. 苯　　B. 油漆　　C. 清漆　　D. 萘

E. 爆竹

68. 危险品标志的图形符号主要有（　）。

A. 火焰　　B. 三叶形　　C. 爆炸的炸弹　　D. 气瓶

E. 酒杯

69.《国际海运危险货物规则》是由（　　）制定的。

A. ICAO　　B. OCTI　　C. UN　　D. IMO

E. 国际海事组织

70. 在国际海上集装箱运输中，运输危险货物时应使用的单据是（　　）。

A. 危险货物安全适运申报单

B. 海运危险货物包装容器性能检验结果单

C. 限重危险货物证明

D. 集装箱装运危险货物装箱证明书（装箱证明）

E. 危险货物危规证书

71. 国际货运代理人在填写海上危险货物托运单时应注明的内容有（　　）。

A. 联合国危险货物编号　　B. 危险货物 dangerous cargo 字样

C. 危险货物的性质和类别　　D. 按《国际海运危险货物规则》填写货名

E. 附危险货物危规分类表

72. 在国际海上货物运输中，除非“IMDG Code”中另有规定，一切装有危险货物的包件应以耐久的标志或标志图案明确表明该危险货物的特性。应该做到：其在海水中浸泡（　　），标志或标志图案仍清晰可辨。

A. 5 个月　　B. 3 个月　　C. 2 个月　　D. 1 个月

E. 1 年

73. 冷藏货在装箱前，对集装箱和货物都应进行（　　）检查。

A. 冷冻装置　　B. 通风孔的状态

C. 泄水管是否堵塞　　D. 冷冻货是否达到规定温度

E. 集装箱本身的气塞性

74. 对货物需要冷藏的要求应在（　　）上可以看到。

A. 托运单　　B. 海运单　　C. 提单　　D. 装货单

E. 特种货物运输许可证

75.（　　）属于定期租船的特点。

A. 船舶出租人负责配备船员　　B. 承租人负责船舶的营运调度

C. 承租人负担船舶营运的费用　　　　D. 船舶出租人负责船舶的营运调度

E. 船舶出租人负担船舶营运的费用

76.（　　）属于包运租船的特点。

A. 船舶出租人负责配备船员

B. 货物主要是运量较大的干散货或液体散装货物

C. 租期的长短取决于运输货物的总量及船舶的航次周期所需的时间

D. 船舶承租人配备船员

E. 船舶承租人负责船舶营运

77. 下列关于滞期按连续计算的说法错误的是（　　）。

A. 扣除节假日　　　　B. 节假日按一半时间计算

C. 节假日按装卸时间计算　　　　D. 一旦滞期，永远滞期

E. 由于天气不良不能进行装卸的时间扣除

78. 在航次租船下，货物装卸费由船舶出租人还是承租人负责取决于合同的具体规定。下列（　　）具有相同的含义。

A. FILO　　B. FIOST　　C. LIFO　　D. LINERTERM

E. LIO

79. 航次租船合同中通常就装卸时间是分别计算还是统算的方法做出具体规定，不同的方法有着不同的含义和不同的结果，下列（　　）表明装卸时间要统算。

A. 平均方法计算　　　　B. 可调剂方法计算

C. 装卸共用时间　　　　D. 加权方法计算

E. 按指定日计算

80. 受载期是船舶在租船合同规定的日期内到达约定的装货港，并做好装货准备的期限。如果航次租船合同规定受载期为 11 月 1 日至 11 月 5 日，船舶可以在（　　）抵达约定的装货港，并做好准备。

A. 10 月 30 日　　B. 11 月 3 日　　C. 11 月 5 日　　D. 11 月 6 日

E. 10 月 29 日

81. “自动舱单系统”针对没有按照规则办理相关手续的申报主题设置了三重惩罚制度，

其中包括（ ）等。

A. 罚款 B. 经济赔偿 C. 推迟申报 D. 推迟卸船

E. 推迟装船

82. 海上货物保险费用可分为（ ）。

A. 施救费用 B. 救助费用 C. 装卸费用 D. 转运费用

E. 港口拥挤费用

83. （ ）属于货物的实际全损。

A. 载货船遭遇海难沉入海底 B. 水泥受海水浸泡后全部变硬

C. 茶叶经水浸已不能饮用 D. 衣服上有水渍

E. 电视机包装破损

84. 在海上保险业务中，构成共同海损的条件包括（ ）。

A. 共同海损的危险必须是实际存在的

B. 采取的措施是有意的

C. 必须是承保风险直接导致的船、货损失

D. 采取的措施是合理的

E. 结果是有效的

85. 根据 PICC 的《海洋运输货物保险条款》，基本险包括（ ）。

A. 平安险 B. 水渍险 C. 一切险 D. 战争险

E. 罢工险

86. 平安险保险的内容包括（ ）。

A. 自然灾害造成的货物全损

B. 意外事故造成的货物全损

C. 自然灾害造成的部分货物损失

D. 运输工具发生意外事故造成的部分货物损失

E. 共同海损

87. 水渍险保险的内容包括（ ）。

A. 自然灾害造成的货物全损 B. 意外事故造成的货物全损

C. 自然灾害造成的部分货物损失　　D. 意外事故造成的部分货物损失
E. 共同海损

88. 根据 PICC 的《海洋运输货物保险条款》的规定，包括在一切险承保责任范围内的险别有（　　）。

A. 平安险　　B. 短量险　　C. 淡水雨淋险　　D. 战争险
E. 黄曲霉素险

89. 在（　　）情况下保险责任终止。

A. 货物到达目的港码头　　B. 货物到达目的地仓库
C. 货物在转运港转卖　　D. 货物在目的港卸离海轮后满 30 天
E. 货物在目的港卸离海轮后满 60 天

90. 目前，我国贸易实务中经常使用的保险单主要有（　　）。

A. 保险单　　B. 保险凭证　　C. 联合凭证　　D. 预约保险单
E. 保险合同

91. 根据“UCP 600”，除非信用证另有规定，信用证项下的保险单应是（　　）。

A. 有关货物的描述不得使用统称
B. 签发日期不得迟于运输单据的签发日期
C. 保险金额不得低于 CIF 或 CIP 金额的 110%
D. 所表明的货币应与信用证规定的货币相符
E. 保险金额最好为货物金额的 150%

92. 按照国际保险市场的习惯，一般是将货物发票的（　　）价格作为保险金额计算的基础。

A. CIF　　B. CFR　　C. CIP　　D. FOB
E. CPT

航空运输

一、判断题（将判断结果填入括号中。正确的填"√"，错误的填"×"）

1. 非注册的飞机集装器一律不允许装入飞机的货舱。（ ）

2. 航空集装货物，底部为金属的货物和底部面积较小重量较大的货物必须使用垫板。（ ）

3. 国际航协在充分考虑了世界上各个不同国家、地区的社会经济、贸易发展水平后，将全球分成三个区域，称为航空区划（IATA Traffic Conference Areas），每个航协区内又分成几个次区。（ ）

4. 我国航空区域管理体制实行中国民用航空总局、中国民用航空地区管理局两级行政管理体制。（ ）

5. 理论时区和区时仅具有理论意义，法定时区和法定时则具有实际作用。（ ）

6. 在飞机飞行时间的计算中，到达时间减去起飞时间，即是飞行时间。（ ）

7. IATA 成员国国家名称代码由各国自行申报，可以用二字代码，也可以用三字代码。（ ）

8. 航空运输中，机场代码可以使用三字代码，也可以使用二字代码。（ ）

9. 在常见的航空货运操作代码中，HEA 表示的是超大货物。（ ）

10. 在航空运输业务中，缩写 NVD 表示无申明价值。（ ）

11. 货物的航空运价一般以运输始发地的本国货币公布。（ ）

12. 普通货物运价包括基础运价和重量分界点运价。基础运价为 45 千克以下普通货物运价，费率按照民航总局规定的统一费率执行。（ ）

13. 货物的航空运费是指将一票货物自始发地机场运输到目的地机场所应收取的航空运输费用，不包括其他费用。（ ）

14. 最低运费又称起码运费，是航空公司办理一批货物所能接受的最低运费，不论货物的重量或体积大小，在两点之间运输一批货物应收取的最低金额。在航空运输中，不同地区有不同的最低运费。（ ）

15. 特种货物的国际航空运费按普通货物标准运价的150%计收。（　）

16. 在国际航空货物运输中，托运人在承运人的航线上通过固定包板（舱）的方式运输时，托运人无论向承运人是否交付货物，都必须支付协议上规定的运费。（　）

17. 未经承运人同意，航空运输的包机人不应向第三方转让包机协议的任何权利、义务或责任。（　）

18. 由于不可抗力的原因导致包舱包板运输合同不能履行的，承运人应承担相应的责任。（　）

19. 对书本等可以享受航空公司优惠运价的货物来讲，使用集中托运的形式可能不仅不能享受到运费的节约，反而使托运人运费负担加重。（　）

20.《华沙公约》规定的有关赔偿的诉讼时效是1年。（　）

21. 航空运输中，自然的放射性液体一律拒运。（　）

22. 危险物品航空运输，应该在货运单中的"Handing Information"注明"Dangerous Goods as per Attached Shipper's Declaration"。（　）

23. 危险物品的包装件必须在组装集装器或者装机之前进行认真检查。（　）

24. 除另有规定外，危险品不得装载在驾驶舱或有旅客乘坐的航空器客舱内。（　）

25. 空运鲜活易腐物品，货运单品名栏"Nature and Quantity"应注明"Perishable"，还应注明已订妥的各航段航班号/日期。（　）

26. 为便于搬运，鲜活易腐货物每件重量以不超过20千克为宜。（　）

27. 用干冰冷却的货物包装上应有便于CO_2气体散出的漏孔。（　）

二、单项选择题（选择一个正确的答案，将相应的字母填入题内的括号中）

1. 采用民用航空飞机运输货物，超过飞机的地板承受力最大限额时，应使用（　）厘米厚度的垫板，加大地面面积。

A. 2～3　　B. 3～4　　C. 2～5　　D. 4～5

2. 某集装箱代号为AKE30914CA其中"30914"代表的是（　）。

A. 集装器底板尺寸代码　　B. 标准拱外形和适配代码

C. 集装器识别编号　　D. 集装器所属承运人

3.（　）不是航空集装货物的基本原则。

A. 底部为金属的货物一般不使用垫板

B. 体积较小、重量较轻的货物装在集装箱内

C. 一般情况下不可以组装低探板货物

D. 一票货物应尽可能集中装在一个集装器上

4. 航空快递业务主要形式不包括（　　）服务。

A. 门到门　　B. 门到机场　　C. 专人派送　　D. 机场到机场

5. IATA一区中的次区不包括（　　）。

A. 北美　　B. 澳大利亚　　C. 加勒比地区　　D. 南美

6. IATA三区中的次区不包括（　　）。

A. 欧洲　　B. 南亚次大陆　　C. 东南亚　　D. 西南太平洋

7. （　　）代表深圳宝安机场。

A. SBA　　B. SBJ　　C. SZB　　D. SZX

8. 按统一世界计量时刻的“区时系统”规定，以本初子午线即（　　）经线为中央经线的时区为中时区或零时区，往东、往西各划分成十二个时区。

A. 0°　　B. 90°　　C. 180°　　D. 360°

9. 以下有关时区的说法错误的是（　　）。

A. 国际经度会议决定，全世界按统一标准划分时区，实行分区计时

B. 时区的划分，完全没有考虑地球上的海陆分布和政治疆界

C. 国际经度会议所划分的标准时区，只是理论上和原则性的规定，称为理论时区

D. 现实当中，世界各国的标准时间都以首都所在区时计时。如我国就实行以北京时间即北京所在的东8区的区时作为全国统一使用的标准时间

10. 有关世界各国使用的法定时的说法错误的是（　　）。

A. 偏东原则

B. 理论时区和区时适用于海洋上，而法定时区和法定时适用于陆地上

C. 我国领土跨5个理论时区，但我国实行单一的法定时，即北京时间

D. 各国可以自由决定法定时区和法定时，无须考虑理论时区和区时

11. 某旅客2010年10月28日北京时间9：44乘国航飞机从北京启程，到达华盛顿时为

当地时间 10 月 28 日 15：30，该旅客的飞行时间是（　　），已知北京是东八区，华盛顿是西五区。

A. 5 小时 46 分　　B. 8 小时 46 分

C. 18 小时 46 分　　D. 25 小时 14 分

12.（　　）是航空运输中的日本国家代码。

A. RB　　B. JP　　C. JN　　D. SB

13.（　　）是航空运输中的北京城市代码。

A. BJS　　B. CAH　　C. SHA　　D. SZX

14. 航空运输中，上海的城市代码是 SHA，上海虹桥机场的机场代码是（　　）。

A. SHA　　B. PVG　　C. SHH　　D. SHQ

15. 日本成田机场的代码为（　　）。

A. CDG　　B. NRT　　C. CTJ　　D. KIX

16. 在常见的航空货运操作代码中，外交邮袋的代码是（　　）。

A. AOG　　B. DIP　　C. AVI　　D. VAL

17. 在常见的航空货运危险品代码中，RCX 表示（　　）。

A. 低温液体　　B. 易腐蚀的货物　　C. 爆炸物 1. 3C 类　　D. 易燃液体

18. 在常见的航空货运危险品代码中，RPG 表示（　　）。

A. 低温液体　　B. 易腐蚀的货物　　C. 爆炸物 1. 3C 类　　D. 有毒气体

19. 在航空运输业务中，常见的缩写代码 PP 表示（　　）。

A. 运费到付　　B. 运费预付　　C. 分运单　　D. 主运单

20. 空运单中的运价是按（　　）所适用的运价。

A. 出具运单之日　　B. 航程起运之日　　C. 货物接收之日　　D. 货物到达之日

21. 在我国航空运价中，“C”代表（　　）。

A. 最低运费　　B. 普通货物运价　　C. 等级货物运价　　D. 指定商品运价

22. 航空货物体积重量的折算标准为每 6 000 立方厘米折合（　　）千克。

A. 1　　B. 2　　C. 3　　D. 4

23. 货物的航空运费是指将一票货物自始发地机场运输到目的地机场所应收取的航空运

输费用，（　　）其他费用。

A. 不包括　　B. 可以包括

C. 由机场决定是否包括　　D. 由承运人决定是否包括

24. 航空运费是根据每票货物所适用的运价和货物的（　　）计算而得。

A. 计费重量　　B. 市场供需　　C. 计费件数　　D. 计费时间

25. 航空运价代号“S”表示（　　）。

A. 最低运费　　B. 普通货物运价　　C. 等级货物运价　　D. 指定商品运价

26. 某企业出口货物一批，300箱，毛重690千克，体积为5.01立方厘米，自上海空运至日本东京，运价每千克人民币13.58元（100千克起算）。根据计算，该批货物的实际航空运费合计人民币（　　）元。

A. 9 370.2　　B. 9 506　　C. 11 339.3　　D. 12 452.86

27. 某企业出口货物一件，毛重38.6千克，体积为101厘米×58厘米×32厘米，自上海空运至荷兰阿姆斯特丹，根据计算，该批货物的实际航空运费合计人民币（　　）元。（M：320元；N：50.22元；Q 45：41.53元；Q 300：37.52元）。

A. 1 958.58　　B. 1 868.85　　C. 1 938.49　　D. 1 898.49

28. 托运人在承运人的航线上通过非固定包板（舱）的方式运输时，托运人在航班起飞前（　　）小时如果没有确定舱位，承运人则可以自由销售舱位。

A. 24　　B. 36　　C. 48　　D. 72

29. （　　）是指托运人在承运人的航线上通过包舱方式运输时，托运人无论向航空公司是否交付货物，都必须支付协议上规定的运费。

A. 固定包舱　　B. 非固定包舱　　C. 协议包舱　　D. 预定包舱

30. 在航空包板运输中，应该在货运单的（　　）栏内注明“包集装器运输”以及合同号码。

A. 正本联说明　　B. 财务说明　　C. 储运注意事项　　D. 承运人填写

31. 航空直接运输中，货运单是由（　　）填开的。

A. 承运人　　B. 机长

C. 航空货运代理人　　D. 机场

32. 下列货物中，一般可以采用航空集中托运的有（　　）。

A. 活动物　　B. 危险品　　C. 珠宝玉石　　D. 纺织品

33. 有关航空集中托运说法正确的有（　　）。

A. 可降低运费，是航空货运代理的主要业务之一

B. 只能采用包机运输方式

C. 适合书本等不易腐烂货物

D. 只能采用班机运输方式

34.（　　）是航空运输中的危险品。

A. 润滑油　　B. 蜡烛　　C. 潜水设备　　D. 手提包

35. 盛装空运危险物品液体的容器必须留有充分的空隙，至少为（　　）。

A. 2%　　B. 5%　　C. 8%　　D. 10%

36. 有关航空危险物品的包装要求，以下说法不正确的是（　　）。

A. 危险物品的内包装应有防破碎和防震的内衬物，流体应有吸湿物

B. 同一包装内禁止混装不同性质的危险物品

C. 包装容器应保证在运输过程中温度在－10～50℃之间变化而不会失封和漏溢

D. 外包装必须适合装卸，dangerous goods in excepted quantities 不适合空运

37. 航空危险品运输申报单必须由（　　）填写、签字，并对申报的所有内容负责。

A. 发货人　　B. 托运人　　C. 代理人　　D. 承运人

38. 危险物品装入飞机货舱后，装载人员应（　　）。

A. 设法固定　　B. 尽量放平　　C. 检查包装外观　　D. 签字

39. 运营人应在载运危险品的飞行终止后，将危险品航空运输的相关文件保存（　　）个月以上。

A. 6　　B. 12　　C. 24　　D. 36

40.（　　）不是航空运输中的鲜活易腐品。

A. 虾　　B. 树苗　　C. 药品　　D. 木材

41. 空运鲜活易腐物品应在货运单（　　）栏注明“鲜活易腐（perishable）”字样。

A. 品名　　B. 处理情况　　C. 计费重量　　D. 运价类别

42. 空运鲜活易腐物品的，应将装有各种卫生检疫证明的信封（　　），随货运单寄出。

A. 放在货运单的前面　　B. 放在货运单的后面

C. 钉在货运单前面　　D. 钉在货运单后面

43. 鲜花通常采用（　　）运输。

A. 花篮　　B. 包装袋　　C. 塑料袋　　D. 集装箱

三、多项选择题（选择一个以上正确的答案，将相应的字母填入题内的括号中）

1. 按航空集装器编号，集装器的类型包括（　　）。

A. AKE　　B. AKN　　C. DPE　　D. DPN

E. DDP

2. 有关航空集装货物说法正确的有（　　）。

A. 一票货物应尽可能集中装在一个集装器上

B. 特别重的货物放在下层，底部为金属的货物和底部面积较小重量较大的货物必须使用垫板

C. 装在集装板上的小件货物，要装在其他货物的中间或适当地予以固定，防止其从网套及网眼中滑落

D. 一般情况下不组装低探板货物

E. 如果集装箱内没有装满货物，即所装货物的体积不超过集装箱容积的 2/3，且单件货物重量超过 150 千克时，就要对货物进行捆绑固定

3. 航空运输企业的运输经营形式主要有（　　）。

A. 班期运输　　B. 包机运输　　C. 专机运输　　D. 不定期运输

E. 航空快递

4. 我国航空区域的地区管理局分为（　　）。

A. 华北管理局和华东管理局　　B. 西北管理局和西南管理局

C. 中南管理局　　D. 华北管理局

E. 华南管理局

5.（　　）属于中国东部的航空口岸。

A. 北京　　B. 上海　　C. 西安　　D. 哈尔滨

E. 厦门

6. 下列说法正确的有（　　）。

A. 1884 年国际经度会议规定，各时区均以本时区中央经线上的地方时作为全时区共同使用的时刻，称为区时

B. 时区的划分，完全没有考虑地球上的海陆分布和政治疆界

C. 统一世界计量时刻的“区时系统”规定，地球上每 20°经度范围作为一个时区

D. 中央时区的中央经线是通过格林尼治天文台原址的零度经线

E. 中时区的区时被称为世界标准时

7. 某旅客 2010 年 10 月 10 日北京时间 8:30 乘国航飞机从北京启程，到达华盛顿时为当地时间 10 月 10 日 10：30，已知北京是东八区，华盛顿是西五区。下列说法正确的是（　　）。

A. 飞行时间是 2 小时

B. 飞行时间是 15 小时

C. 飞行时间是 19 小时

D. 起飞时间换算 GMT 是 GMT0：30，到达时间换算 GMT 是 GMT15：30

E. 飞行时间是 26 小时

8.（　　）是航空运输中的亚洲国家代码。

A. CN　　B. US　　C. JP　　D. GB

E. CA

9. 下列属中国的航空公司的代码有（　　）。

A. CA　　B. CZ　　C. AF　　D. MU

E. AA

10. 在常见的航空货运操作代码中，下列说法正确的有（　　）。

A. 活动物的代码是 AVI　　B. 超大货物的代码是 BIG

C. 食品的代码是 EAT　　D. 冷冻货物的代码是 FRZ

E. 鲜花的代码是 PEF

11. 在常见的航空货运危险品代码中，下列说法正确的是（　　）。

A. 有毒气体的代码是 RPG　　　　B. 低温液体的代码是 RCL

C. 易燃液体的代码是 RPG　　　　D. 腐蚀性物品的代码是 RCN

E. 有毒气体的代码是 RPX

12. 航空运价不包括（　）费用。

A. 机场与机场间的空中

B. 其他额外费用，如提货、报关、仓储等

C. 承运人收取的其他

D. 代理人收取的其他

E. 机场收取的其他

13. 非公布直达运价包括（　　）运价。

A. 比例　　B. 指定商品　　C. 等级货物　　D. 分段相加

E. 集装货物

14. 下列关于计费重量的说法，正确的是（　）。

A. 航空运输中，货物体积 6 000 立方厘米，重量大于等于 1 千克是重货

B. 航空运输中，货物体积 6 000 立方厘米，重量小于 1 千克是轻泡货

C. 航空运输中，轻泡货物可以按起码运费计算

D. 实际重量为 318.15 千克的实重货物，计费重量为 318.00 千克

E. 实际重量为 318.15 千克的实重货物，计费重量为 318.5 千克

15. 有关航空最低运费说法正确的有（　）。

A. 最低运费又称起码运费，是航空公司办理一批货物所能接受的最低运费，是不论货物的重量或体积大小，在两点之间运输一批货物应收取的最低金额

B. 不同地区有不同的起码运费；货物按其适用的航空运价与其计费重量计算所得的航空运费，应与货物最低运费相比，取高者

C. 不同地区有不同的起码运费；货物按其适用的航空运价与其计费重量计算所得的航空运费，应与货物最低运费相比，取低者

D. 我国每票国内航空货物最低运费为人民币 30 元

E. 我国每票国内航空货物最低运费为人民币 50 元

16. 航空货物运价体系包括（　　）。

A. 普通货物运价　B. 等级货物运价　C. 指定商品运价　D. 混运货物运价

E. 最低运费

17. 从北京往美国空运一批货物，其毛重是 36.8 千克，体积为 101 cm×58 cm×32 cm，公布运价如下，请计算该批货物的运费；M：320.00 元，N：50.22 元，Q45：41.53 元，Q300：37.52 元；以下有关这道题计算正确的部分是（　　）。

A. 体积计费重量：187 456÷6 000＝31.24＝31.5 千克

B. 毛重：38.6 千克计费重量：38.6 千克

C. 毛重：38.6 千克计费重量：39.0 千克

D. 运费：39×50.22＝1 958.58 元

E. 运费 38.6×50.22＝1 938.50 元

18. 以下有关包舱包板运输说法正确的有（　　）。

A. 固定包舱的托运人无论向承运人是否交付货物，都必须支付协议上规定的运费

B. 非固定包舱的托运人在航班起飞前 48 小时如果没有确定舱位，承运人则可以自由销售舱位

C. 包机人可以在包机航班执行前 24 小时，以书面形式通知承运人取消航班，但应向承运人付退包费

D. 包机人向第三方转让包机协议的任何权利、义务或责任，只需通知承运人即可

E. 有特殊原因，托运人可以取消包舱包板，不必支付退仓费

19. 以下有关包舱包板运输凭证的说法正确的有（　　）。

A. 包舱运输中的货运单和包舱合同是包舱的运输凭证

B. 包板运输货运单收货人栏内只能填写一个收货人名称

C. 包舱包板运输合同中未尽事宜，按照承运人的业务规定办理

D. 包舱运输的货运单“契约条件”栏应该注明“包舱运输”

E. 货运单“契约条件”栏，只注明合同号，不必填写“包舱运输”

20. 航空直接运输中，货运单应该列明真正的（　　）。

A. 发货人　B. 代理人　C. 托运人　D. 收货人

21. （ ）是属于航空运输中的隐含危险品的物品。

A. 润滑油 B. 蜡烛 C. 潜水设备 D. 汽车、汽车部件

E. 服装

22. 以下有关航空危险物品的包装要求说法正确的是（ ）。

A. 危险物品的内包装应有防破碎和防震的内衬物，流体应有吸湿物

B. 统一包装内禁止混装不同性质的危险物品

C. 包装容器应保证在运输过程中温度－40～70℃变化而不会失封和漏溢

D. 危险品外包装必须适合装卸

E. 托运人可以使用国际标准包装或自制包装

23. （ ）原则是空运危险物品的操作原则。

A. 预先检查 B. 方向性

C. 轻拿轻放 D. 固定货物、防止滑动

E. 不同类危险品混装

24. 运营人应在载运危险品的飞行终止后，将危险品航空运输的相关文件保存12个月以上，这些文件至少包括（ ）。

A. 收运检查单 B. 危险品航空运输文件

C. 航空货运单 D. 机长通知单

E. 危险品样品资料

25. （ ）是航空运输中的鲜活易腐品。

A. 虾 B. 树苗 C. 药品 D. 水果

E. 速冻蔬菜

26. 有关空运鲜活易腐货物的收运条件的说法正确的是（ ）。

A. 鲜活易腐货物应具有必要的检验合格证明和卫生检疫证明

B. 凡怕压货物，外包装应坚固抗压

C. 空运鲜活易腐货物，除识别标签外，货物的外包装上应拴挂“鲜活易腐”标签和向上标签

D. 空运鲜活易腐货物，应书面提出在运输中需要注意的事项及允许的最长运输时间

E. 货运单上填写塑料袋包装

27. 以下有关空运鲜活易腐货物说法正确的有（　　）。

A. 鲜活易腐货物应优先发运，尽可能利用直达航班

B. 蔬菜不可与鲜花、植物放在同一舱内

C. 用干冰冷却的货物包装上应有 CO_2 气体散出的漏孔

D. 蔬菜每件包装必须保证通风，摆放时应远离活动物及有毒物品，以防止污染

E. 运单上填写塑料袋包装

其他运输

一、判断题（将判断结果填入括号中。正确的填“√”，错误的填“×”）

1. 国际多式联运有一个或多个多式联运经营人对全程运输负总的责任。（　　）

2. 国际多式联运中，可以由多位多式联运经营人对货物的全程运输负责。（　　）

3. 协议联运最基本的特征是联运的非强制性。（　　）

4. 三联集团、北荷、冠航和丹麦的马士基等国际航运公司属于班轮公会公司。（　　）

5. 两机场之间的航空运输，需要利用汽车运输进行货物的接送，这种陆空联运的形式属于有关多式联运的国际公约或惯例所界定的国际多式联运范畴。（　　）

6. 我国的国际航空港口岸主要有北京、上海、广州等。（　　）

7. 不可转让提单一般是记名提单。（　　）

8. 国际多式联运提单是发货人与多式联运经营人订立的国际货物多式联运合同的证明。（　　）

9. 国际多式联运单证是当事人之间进行国际多式联运业务活动的凭证，因此，要求单据的内容必须正确、清楚、完整。（　　）

10. 国际多式联运提单应由多式联运经营人或其他授权人签字。（　　）

11. 货物出口报关时，贸易合同不需要向海关提交。（　　）

12. 我国现阶段，公路和铁路在客运和货运业务上正展开激烈的竞争。（　　）

13. 空桥运输的货物通常要在航空港换入航空集装箱，再进行航空运输。（　　）

14. 在货量较大的情况下，往往采用陆运至航空口岸，再与国际航班衔接的方式运输。（ ）

15. 国际多式联运在门到门运输下，运费费率一般是该路线上处于起运国和目的国的不同的集装箱货物集散点之间的运费费率，而不包括从货主工厂或仓库到该集散点之间的运输费用。（ ）

16. 大陆桥运输比全程采用海运缩短了路程，但增加了装卸次数。（ ）

17. 亚欧大陆桥运输是将货物由远东海运到俄罗斯东部港口，再经跨越欧亚大陆的西伯利亚铁路运至波罗的海沿岸，如爱沙尼亚的塔林或拉脱维亚的里加的港口，然后再采用铁路、公路或海运到欧洲各地的国际多式联运的运输线路。（ ）

18. OCP 运输和 MLB 运输一样，采用两种或两种以上运输方式运送一票货物，因此二者都属于国际多式联运。（ ）

19. 国际多式联运经营人指其本人或通过其代理人与托运人订立多式联运合同的人。（ ）

20. 在国际多式联运公约中，国际多式联运经营人对于货物运输所采取的赔偿责任基础，采用完全过失责任制。（ ）

21. 无船承运人是指不拥有和掌握船舶的承运人。（ ）

22. 无船承运人起的是"二传手"的作用。（ ）

23. 无船承运人属于国际货运代理人，包括在国际货运代理人范围之中。（ ）

二、单项选择题（选择一个正确的答案，将相应的字母填入题内的括号中）

1. 20 世纪 60 年代末，多式联运业务首先在（ ）开始试办。

A. 美国　　B. 德国　　C. 日本　　D. 英国

2. 我国从 20 世纪（ ）年代开始逐步发展国际多式联运业务。

A. 70　　B. 60　　C. 80　　D. 90

3. （ ）是国际多式联运区别于国内货物运输的条件。

A. 必须使用一份全程多式联运单证

B. 必须是至少两种不同运输方式的连续运输

C. 必须是国际间的货物运输

D. 必须由一个多式联运经营人对货物运输的全程负责

4. 国际多式联运在运输过程中，一般以（　　）作为运输的基本单位。

A. 木箱　　B. 麻袋　　C. 纸箱　　D. 集装箱

5. 根据联运组织方式和体制不同，可以将国际多式联运分为（　　）。

A. 法定联运　　B. 协议联运

C. 协作式联运和衔接式联运　　D. 法定联运和协议联运

6. 公铁联运是通过一张（　　）即可实现货物的全程运输。

A. 运输合同　　B. 运输协议　　C. 运输单证　　D. 运输契约

7. 海陆联运是国际多式联运的主要组织形式，也是（　　）方向国际多式联运采用的主要组织形式之一。

A. 内地/香港　　B. 远东/欧洲　　C. 远东/印度　　D. 远东/俄罗斯

8. 海陆联运以（　　）为主体，签发联运提单。

A. 收货人　　B. 承运人　　C. 航运公司　　D. 海关

9. 陆空联运主要采用（　　）运输方式实现"门到门"的运输。

A. 轮船　　B. 航空　　C. 铁路　　D. 公路

10. 国际多式联运单证是指"证明多式联运合同及证明多式联运经营人（　　）的单据"。

A. 接管货物

B. 负责按合同条款交付货物

C. 接管货物并负责按合同条款交付货物

D. 以上答案均不准确

11. 在实践中，国际多式联运单证又被称为（　　）。

A. 多式联运提单　　B. 多式联运合同　　C. 多式联运协议　　D. 多式联运收据

12. 在实际业务中，由拥有船舶的多式联运经营人所签发的多式联运单证是（　　）。

A. 波罗的海国际航运公会制定的 combidoc

B. 国际货运代理协会联合会制定的 FBL

C. 联合国贸易和发展会议制定的 multidoc

D. 多式联运经营人自行制定的多式联运单证

13. 国际多式联运提单是货物所有权的证明，可以用来（　　）。

A. 结汇　　B. 抵押

C. 结汇、流通、抵押　　D. 流通

14. 在国际多式联运中，关于货物的所有详细的内容是由（　　）提供的。

A. 船公司　　B. 承运人　　C. 收货人　　D. 发货人

15. 多式联运经营人按托运人的要求签发了不可转让多式联运单证，在该单据的收货人栏内应做成（　　）。

A. 记名抬头　　B. 不记名抬头

C. 指示抬头　　D. 以上各项中任选一个即可

16. 国际多式联运单证的签发人是（　　）。

A. 船公司　　B. 国际多式联运经营人

C. 货主　　D. 收货人

17. 在国际多式联运中，提单的签发地一般在（　　）。

A. 交货地点　　B. 装货地点　　C. 目的港　　D. 装货港

18. 公铁联运中，主要以（　　）为主。

A. 轮船　　B. 飞机　　C. 公路　　D. 铁路

19. 在海铁联运中，需要铁路和（　　）密切配合，共同完成货物运输。

A. 中转站　　B. 机场　　C. 场站　　D. 港口

20. 在海铁联运中，货物的集散需要利用（　　）完成。

A. 轮船　　B. 汽车

C. 飞机　　D. 火车 E 公路承担长途运输

21. 海空联运组织形式是以（　　）为主。

A. 公路运输　　B. 火车运输　　C. 空运　　D. 海运

22. 在陆空联运中，一般都采用（　　）方式。

A. Train—Air—Truck　　B. Truck—Air

C. Train—Air　　D. Train—Truck

23. 国际多式联运的单一费率按成本定价原则构成是（ ）。

A. 运输成本和利润　B. 运输成本和经营管理费

C. 运输成本、经营管理费和利润　D. 利润和费用

24. 大陆桥运输又称为路桥运输，是一种（ ）的联运形式。

A. 海陆　B. 空陆　C. 海空　D. 公铁

25. 大陆桥运输的全程由（ ）组成。

A. 海运段和陆运段　B. 海运段和空运段

C. 陆运段和空运段　D. 海运段

26. 某一区域大陆桥运输能否存在和发展，主要取决于它与全程海运相比在（ ）等方面的综合竞争力。

A. 装卸次数　B. 运输时间和运输费用

C. 运输时间　D. 运输费用

27. 下列不是美国大陆桥运输的是（ ）。

A. SLB　B. OCP　C. MLB　D. Micro Bridge

28. 西伯利亚大陆桥以俄罗斯东部的符拉迪沃斯托克为起点通向欧洲各国，最后到（ ）。

A. 英国伦敦　B. 荷兰鹿特丹港　C. 俄罗斯莫斯科　D. 德国汉堡

29. 对我国影响比较大的两条大陆桥是新亚欧大陆桥和（ ）。

A. 北美大陆桥　B. 西伯利亚大陆桥

C. OCP　D. 第二亚欧大陆桥

30. 衔接式多式联运的全程运输组织业务是由（ ）完成的。

A. 货方　B. 运输企业

C. 多式联运经营人　D. 中转站

31. 国际多式联运经营人有义务在货物承运之后、交付之前确保货物的运输安全，而运输的货物一旦发生损坏或灭失，（ ）不是其所要承担的责任形式。

A. 完全无过失制　B. 分段责任制

C. 网状责任制　D. 统一责任制

32. 无船承运人和（　　）可以是具有双重身份的同一主体。

A. 海关　　B. 码头　　C. 货运代理人　　D. 船公司

33. 无船承运人（　　）。

A. 与收货人不存在任何关系　　B. 收取佣金

C. 收取运费或赚取差价　　D. 不承担运输责任

34. 对于无船承运人责任的认定，一般是参照（　　）规定的承运人的责任加以确定。

A.《汉堡规则》　　B.《海商法》　　C.《海牙规则》　　D.《维斯比规则》

35. 我国《海商法》中承运人的责任制采用的是（　　）。

A. 完全过失责任制　　B. 完全责任制

C. 根据具体情况定　　D. 不完全过失责任制

三、多项选择题（选择一个以上正确的答案，将相应的字母填入题内的括号中）

1. 在下列几种运输方式中，属于国际多式联运的方式是（　　）运输。

A. MLB　　B. IPI　　C. SLB　　D. OCP

E. MLD

2. 国际多式联运是一种高级的运输组织方式，它集中了各种运输方式的特点，具有较大的优越性，主要表现在（　　）几个方面。

A. 提高运输组织水平　　B. 综合利用各种运输的优势

C. 安全、迅速、实现“门到门”运输　　D. 手续简便、提早结汇

E. 降低运输成本，节约运杂费用

3. 国际多式联运的形式主要有（　　）联运。

A. 法定　　B. 协作　　C. 协作式　　D. 衔接式

E. 托运人要求

4. 在公铁联运中，可转让运输单证是一种（　　）。

A. 物权凭证　　B. 有价证券　　C. 运输合同　　D. 运输依据

E. 运输协议

5. 目前，国际海空联运线路主要有（　　）。

A. 香港—东南亚　　B. 远东—欧洲

C. 远东—中南美　　D. 远东—中近东/非洲/澳洲
E. 远东—北美

6. 联运提单与国际多式联运单据在性质上的区别为（　　）。
A. 使用范围不同　　B. 签发人不同
C. 签发人对运输负责的范围不同　　D. 运费费率不同
E. 运输方式无区别

7. 下列选项中，（　　）属于国际多式联运单证的作用。
A. 物权凭证　　B. 运输合同的证明
C. 多式联运经营人收到货物的收据　　D. 交付货物的凭证
E. 运输合同

8. （　　）属于国际多式联运提单的主要内容。
A. 货物的外表状况　　B. 交付货物的地点
C. 发货人、收货人名称　　D. 运输方式、路线的说明
E. 一程船名和二程船名

9. 提单上的通知人一般是在（　　）由收货人指定的代理人。
A. 装货地点　　B. 目的港　　C. 最终交货地点　　D. 装货港
E. 中转港

10. 以下属于国际多式联运流程中涉及的单证是（　　）。
A. 装箱单　　B. 商业发票
C. 国际多式联运提单　　D. 运输险投保单
E. 工作联系单

11. 公铁联运的主要优势为（　　）。
A. 手续简便　　B. 机动灵活
C. 适合中短距离运输　　D. 责任统一
E. 适合长距离运输

12. 海铁联运中，只需（　　）就可完成整个运输过程。
A. 一次申报　　B. 一次装货　　C. 一次查验　　D. 一次放行

E. 一次到付运费

13. 陆空联运可分为（　　）。

A. 火车—飞机—卡车　　B. 卡车—飞机

C. 火车—飞机　　D. 火车—卡车

E. 卡车—飞机—轮船

14. 国际多式联运的运输成本主要由（　　）构成。

A. 海上干线费　　B. 集装箱租用费和保险费

C. 目的港至最终交货地费用　　D. 内陆接货地至枢纽港费用

E. 单证传递通信费用

15. 远东/欧洲的路桥运输线路有（　　）。

A. 香港、新加坡、泰国到欧洲线　　B. 西伯利亚大陆桥

C. 巴拿马运河　　D. 北美大陆桥

E. 苏伊士运河

16. 亚欧大陆桥运输包括（　　）等运输方式。

A. 海铁铁　　B. 海铁海　　C. 海铁公　　D. 海公空

E. 海海联运和江海联运

17. 北美大陆桥的两条运输线路是（　　）。

A. 从西部太平洋沿岸至东部大西洋沿岸的铁路和公路运输线

B. 从远东海运到俄罗斯东部港口，海运至北美西海岸

C. 从爱沙尼亚的塔林或拉脱维亚的里加运至北美东海岸

D. 从西部太平洋沿岸至东南部墨西哥湾沿岸的铁路和公路运输线

E. 美国西岸到芝加哥的海铁联运

18. 国际多式联运中发生货损货差，货方提出索赔时，应具备（　　）等条件。

A. 只能由受损方本人提出　　B. 必要的单证和文件

C. 责任方必须付有实际赔偿责任　　D. 提赔人要有正当的提赔权

E. 承运人的免责注明文件

19. 充当经纪人的无船承运人，只从事（　　）。

A. 运输的组织　　　　　　　　B. 货物的分拨

C. 运输方式和运输路线的选择　　D. 服务的改善

E. 同时兼任发货人的代理

20. 无船承运人（　　）。

A. 与托运人关系是承运人与托运人

B. 与收货人关系是提单签发人与持有人

C. 收取托运人佣金或船公司佣金

D. 对货主是承运人，对船公司是托运人的双重身份

E. 拥有自己提单，签发自己提单

21. 传统意义上的国际货运代理利用自己不经营船舶，在（　　）等方面的竞争优势，承担了责任转化器的功能，发展成为无船承运人。

A. 经营投入　　B. 管理成本　　C. 风险负担　　D. 揽货能力

E. 世界各国卸货港的代理网

报关报检

一、判断题（将判断结果填入括号中。正确的填"√"，错误的填"×"）

1. 海关是国家进出国境的监督管理机关。（　　）

2. 进口报关单和出口报关单填报的栏目数量相同。（　　）

3. 代理报关是指接受进出口货物收发货人的委托，代理其办理报关手续的行为。（　　）

4. 海关对进出境物品监管的基本原则是自用合理数量原则。（　　）

5. 一份纸质出口报关单最多填报 20 项商品。（　　）

6. 出口货物的报关时限为装货的 24 小时以前。（　　）

7. 海关签发进口货物报关单付汇证明联，同时向银行和国家外汇管理部门发送证明联电子数据。（　　）

8. 提货单是报关单位在向海关申报过程中，海关认为必要时，需要查阅或收取的预备

性单证之一。 ( )

9. 保税通关制度下的监管时限，进口料件应自进口之日起6个月内加工成成品返销出口（或复出口），出口加工贸易的出口料件应自出口之日起1年内加工成成品复运进口。 ( )

10. 退关货物是指出口货物在海关申报出口后海关放行，因故未能装上运输工具，发货单位申请将货物退运出海关监管区的货物。 ( )

11. 因品质或者规格原因，进口货物自进口之日起1年内原状退货复运出境的，经海关核实后可以免征出口税，已征收的进口税，自缴纳进口税之日起1年内准予退还。 ( )

12. 进口环节增值税的计税基础是进口货物的完税价格，进口关税额和进口环节应缴纳的消费税之和，因此增值税属于价内税。 ( )

13. 按规定，进口货物一般以FOB价格作为完税价格，出口货物一般以CIF价格作为完税价格。 ( )

14. 某公司进口一批货物，其关税和增值税合计为人民币50万元，海关于2008年9月20日（周六）开出税款缴款书，该公司于10月14日缴纳税款（10月1日至10月7日为法定节假日），计算该税款滞纳9天。 ( )

15. 目前我国的检验检疫机构是国家出入境检验检疫局。 ( )

16. 生产出口危险货物的企业，必须向检验检疫机构申请危险货物包装容器的性能鉴定。 ( )

17. 检验检疫机构对检验检疫不合格的入境货物签发《入境货物检验检疫证明》。 ( )

18. 办理出境的企业，可以在产地委托代理报检单位，也可以在报关地委托代理报检。 ( )

19. 对于发生破损或数量短缺的大宗散装商品、易腐烂变质商品、废旧物品办理入境报检时，必须在卸货口岸检验检疫机构报检。 ( )

20. 凡法定检验检疫货物在办理出境检验检疫时，均应实施产地检验检疫。 ( )

21. 进口可用做原料的废物前，进口单位应事先取得国家质检总局签发的《进口废物批准证书》。 ( )

22. 填写《入境货物报检单》时，原产国（地区）指该批货物生产/加工或销售地国家（地区）。（ ）

23. 超过有效期的检验检疫证单，可以更改、补充或重发。（ ）

24. 出口货物报检后，变更输入国家或地区，应重新办理报检手续。（ ）

25. 检验检疫机构签发的证单只能提供一份正本。（ ）

26. 出境的货物无论是产地放行还是口岸查验放行，均应依据“证证相符，货证相符”的原则。（ ）

二、单项选择题（选择一个正确的答案，将相应的字母填入题内的括号中）

1. 海关是国家的（ ）。

A. 行政机关　B. 监督管理机关　C. 监察机关　D. 司法机关

2. （ ）不属于海关“行政检查权”。

A. 扣留权　B. 滞纳金征收权　C. 查问权　D. 税收保全

3. （ ）不属于海关“行政强制权”。

A. 检查权　B. 查验权　C. 施加封志权　D. 扣留权

4. 北京某合资企业，经海关同意，将原从日本横滨港（港口航线代码 1354）海运进口的投资设备，转为内销。其进口货物报关单上的“装货港”应填报为（ ）。

A. 日本横滨港（1354）　B. 中国境内（0142）

C. 中国（142）　D. 北京

5. 天津某合资企业，海运进口德国设备一批。在德国汉堡港（港口航线代码 2110）装船后，经新加坡港（港口航线代码 1354）、香港港（港口航线代码 1039）转船后运抵天津新港。其进口货物报关单上的“装货港”应填报为（ ）。

A. 汉堡港（2110）　B. 新加坡港（1354）

C. 香港港（1039）　D. 天津新港

6. 报关按报关的对象可以分为（ ）。

A. 自理报关和代理报关　B. 运输工具报关、物品报关和货物报关

C. 运输工具报关和货物报关　D. 进境报关、出境报关和转关报关

7. （ ）不属于进出境货物。

A. 保税货物　　B. 特定减免税进出口货物

C. 转运商品　　D. 行李

8. 进出口货物收发货人或其代理人申请修改或撤销进出口货物报关单的，应向海关提交（　　），并相应提交其他相关单证。

A. 进出口报关单　　B. 进出口货物报关单和修改/撤销申请表

C. 进出口货物报关单修改/撤销申请表　　D. 进出口货物报关单和修改/撤销确认表

9.（　　）的情况下不可以向海关申请修改进出口货物报关单。

A. 存储过程中因火灾货物灭失　　B. 放行后由于装运而变更运输工具

C. 报关人员操作失误　　D. 计算机故障导致电子数据申报错误

10. 按照海关监管方式规定，进料加工进出口报关单、来料加工进出口报关单和一般贸易进出口报关单的颜色依次是（　　）。

A. 浅绿色，粉红色，白色　　B. 粉红色，白色，浅绿色

C. 粉红色，浅绿色，白色　　D. 浅绿色，白色，粉红色

11. 进口货物的报关时限为自运输工具申报进境之日起（①）内，出口货物的报关时限为装货的（②）以前。填入①②处正确的是（　　）。

A. 24 小时/14 日　　B. 14 日/24 小时

C. 7 日/24 小时　　D. 14 日/48 小时

12. 报关程序是（　　）按照《海关法》规定，办理货物、物品、运输工具进出境及相关海关事务的手续和步骤。

A. 进出口货物收发货人　　B. 运输工具负责人

C. 物品所有人或其代理人　　D. 以上各项都对

13. 从海关对进出境货物监管的全过程来看，对海关规定的报关顺序陈述正确的是（　　）。

A. 保税货物：前期阶段备案，进出境阶段审单、查验、征税、放行，后续阶段结关

B. 一般货物：进出境阶段审单、征税、查验、放行

C. 保税货物：前期阶段备案，进出境阶段审单、查验、征税，后续阶段结关

D. 一般货物：进出境阶段审单、查验、征税、放行和结关

14. 出口货物发货人凭（　　）和“出口收汇核销单”办理出口收汇核销手续。

A. 出口货物报关单　　B. 出口货物报关单收汇证明联

C. 出口退税证明　　D. 出口外汇证明

15. 对于需要在银行或国家外汇管理部门办理付汇核销的，报关员应当向海关申请签发（　　）。

A. 进口货物报关单　　B. 进口货物报关单付汇证明联

C. 进口退税证明　　D. 进口外汇证明

16. 某保税工厂办理属于许可证管理的加工料件进口申报手续时，在向海关提交相关的单据和证明文件中，不必提交的单据或证明文件是（　　）。

A. 登记手册　　B. 加盖保税工厂货物戳记的报关单

C. 进口货物许可证　　D. 发票

17. 保税货物的特征不包括（　　）。

A. 免交关税的进口货物　　B. 特定目的的货物

C. 暂时免纳关税的货物　　D. 复出运的货物

18. 兰州某公司进口一批货物从天津新港入关，在天津新港海关办理进口转关手续，货物由转关运输货物承运人按照海关要求运至兰州并在兰州海关报关进口。在转关通关制度中，天津新港被称为（　　）。

A. 进境地　　B. 启运地　　C. 指运地　　D. 转关地

19. 郑州市某企业使用进口料件加工的成品，在郑州海关办妥出口手续，经天津海关复核放行后装船运往美国。此项加工成品复出口业务，除按规定需办理的出口手续外，同时要办理的手续是（　　）。

A. 境内转关运输手续　　B. 货物过境手续

C. 货物登记备案手续　　D. 出口转关运输手续

20. 已缴纳出口税的退关货物，可以在缴纳税款之日起（　　）内，向海关申请退税。

A. 1月　　B. 半年　　C. 1年　　D. 2年

21. 得知出口货物未装上运输工具，并决定不再出口之日起（　　）内，向海关申请

退关。

A. 1天　　B. 3天　　C. 10天　　D. 30天

22. 国内某合资企业出口香港某公司5辆半挂车，经海关批准，该批货物运抵启运地海关监管现场前，先向该海关录入出口货物报关单电子数据。货物运至海关监管现场后，转关至上海吴淞口岸装运出境。后因质量问题1辆车被拒收而退运进口，整批货物因此未能收汇。关于退运进口的货物，下列表述不符合海关规定的是（　　）。

A. 向进境地海关申报

B. 提供原货物出口报关单、外汇核销单、报关单退税联等单证

C. 须向海关提供担保

D. 1年内原状退运进口，经海关核实不予征税

23. 关税的征收部门是（　　），征收的对象是进出境的货物、物品，征收的依据是国家制定公布的关税法律、法规。

A. 税务机关　　B. 海关　　C. 外汇管理局　　D. 出入境检验检疫局

24. 进口产品以低于其正常价值出口到我国且对我国相关企业造成实质性损害的，我国海关将对其征收进口附加税，其名称为（　　）。

A. 反倾销税　　B. 反补贴税　　C. 复合税　　D. 报复性关税

25. 按征收对象不同，可以将关税分为进口税、出口税和（　　）三种。

A. 从价税　　B. 过境税　　C. 特别关税　　D. 复合税

26. 某单位从国外进口豪华轿车一辆，关税税率为100%，经海关审定，其成交价为CIF天津25 000美元。已知海关填发税款缴纳书之日外汇牌价：100美元=868.82人民币（买入价），100美元=873.18人民币（卖出价）。此车消费税率为8%，海关应征消费税为人民币（　　）元。

A. 37 869.69　　B. 435 500　　C. 217 759.69　　D. 17 420

27. 某公司出口某种货物100件，每件重250千克，成交价为CFR香港50 000元人民币。已申报运费为每公吨350元人民币，出口税率为15%，海关应征出口税为（　　）元。

A. 6 187.50　　B. 7 500　　C. 5 380.50　　D. 4 820

28. 某公司进口某种货物于5月2日由海运到达口岸（有关船舶于同日申报进境），该

货物 CIF 成交价 1 000 万人民币，该公司于 5 月 20 日申办进口货物手续。该公司应缴纳（　　）元人民币滞纳金。

A. 20 000　　B. 2 000　　C. 25 000　　D. 2 500

29. 出入境检验检疫机构作为行政执法机构不能主管的是（　　）。

A. 出入境商品认证、监督管理　　B. 出入境商品检验

C. 出入境商品鉴定　　D. 出入境商品统计

30. 我国出入境检验检疫机构承担着“严把国门，为国民经济发展保驾护航”的重任，在国际贸易保护日益严重的形式下，还承担着（　　）重任。

A. 打破国外反倾销　　B. 打破国外关税壁垒

C. 打破国外技术壁垒　　D. 打破国外配额壁垒

31. 出入境检验检疫工作的任务是对（　　）的检疫和监督管理，防止有害生物由国外传入或由国内传出。

A. 出入境货物　　B. 出入境动植物及其产品

C. 出入境人员　　D. 以上各项都对

32. 进口旧机电产品，收货人或其代理人应在合同签订前向（　　）办理备案手续。

A. 国家质检总局

B. 收货人所在地直属检验检疫局

C. 报关地直属检验检疫局

D. 国家质检总局或收货人所在地直属检验检疫局

33. 生产出口危险物品运输包装容器的企业，必须向检验检疫机构申请实施运输包装容器的（　　）鉴定。

A. 残损　　B. 使用　　C. 适载　　D. 性能

34. 出口货物应向（　　）检验检疫机构申请《出境货物通关单》。

A. 报关地　　B. 生产地　　C. 出口口岸　　D. 装运地

35. 代理报检单位在代理报检业务时，须提交委托人提供的《报检委托书》并（　　）。

A. 加盖委托方公章　　B. 加盖代理报检单位的公章

C. 加盖双方公章　　D. 加盖检验检疫机构公章

36.（　　）属于入境货物报检范围。

A.《出入境检验检疫机构实施检验检疫的进出境商品目录》内的商品

B. 有关国际条约规定必须经检验检疫机构实施检验检疫的出境货物

C. 对外贸易合同约定须凭检验检疫机构签发的证书进行结算的出境货物

D. 以上各项都对

37. 申请签发一般原产地证书或（　　）等进出境货物，报检人必须向检验检疫机构报检。

A. 原产地证明　B. 普惠制证明书　C. 纺织品产地证明　D. 许可证

38. 对于报关地与目的地不同的进境货物，应向报关地检验检疫机构申请办理（　　），向目的地检验检疫机构申请办理（　　）。

A. 进境流向报检，异地施检报检　B. 进境一般报检，进境流向报检

C. 异地施检报检，进境流向报检　D. 进境一般报检，异地施检报检

39. 出入境货物报检后（　　）天内未联系检验检疫事宜的，检验检疫机构作自动撤销报检处理。

A. 15　B. 30　C. 45　D. 7

40. 出境货物最迟应在出口报关或转运前（　　）天报检。

A. 15　B. 30　C. 10　D. 7

41. 某公司向日本出口一批纸箱包装的羽绒服（检验检疫类别为N），报检时无须提供的单据是（　　）。

A. 合同、发票、装箱单　B. 无木质包装声明

C. 出境货物运输包装性能检验结果单　D. 厂检单

42. 某公司与香港某公司签订合同出口一批货物，目的港为荷兰阿姆斯特丹，最终销售地为卢森堡，《出境货物报检单》的“输往国家（地区）”一栏应填写（　　）。

A. 香港　B. 卢森堡　C. 阿姆斯特丹　D. 荷兰

43. 郑州某外贸公司从合肥生产企业采购一批货物出口，拟由南京水运至上海口岸出境。《出境货物通关单》的“启运地”一栏应填写（　　）。

A. 南京　B. 合肥　C. 郑州　D. 上海

44. 入境货物报检单中编号通常由检验检疫机构报检受理人员填写，第 7 位代码表示（　　）。

A. 年代码　　B. 检验检疫机构代码

C. 流水号　　D. 报检类代码

45. 某公司进口一批已使用过的制衣设备，合同的品名是电动缝纫机，入境货物报检单的“货物名称”一栏应填写（　　）。

A. 电动缝纫机　　B. 制衣设备

C. 电动缝纫机（旧）　　D. 制衣设备（旧）

46. 已报检的出入境货物，在（　　），或虽已实施检验检疫但尚未出具证单的，由于某种原因需要更改报检信息的，可以向受理报检的检验检疫机构申请，经审核批准后按规定进行更改。

A. 货物装船前　　B. 检验检疫机构已经实施检验检疫时

C. 检验检疫机构尚未实施检验检疫时　　D. 已实施检验检疫并出具证单时

47. 领取了检验检疫证单后，在（　　）情况下应重新报检。

A. 未超过检验检疫有效期限的

B. 改换包装或重新拼装的

C. 未撤销报检的

D. 变更输入国家，两国的检验检疫要求相同

48. 关于复验，以下表述正确的是（　　）。

A. 报检人必须向作出检验结果的检验检疫机构申请复验

B. 复验结论自收到复验申请之日起 60 日内作出

C. 检验检疫机构对同一检验结果最多只进行两次复验

D. 对复验结论不服的，可申请行政复议但不能提起行政诉讼。

49. 关于复验，（　　）表述错误。

A. 报检人只能向作出检验结果的检验检疫机构申请复验

B. 应当在收到检验结果之日起 15 日内提出复验申请

C. 检验检疫机构对同一检验结果只进行一次复验

D. 对复验结论不服的，可依法申请行政复议，也可向法院提起行政诉讼

50. 检验检疫机构签发的证单一般以（　）作为签发日期。

A. 报检日期　　B. 检验检疫完毕日期

C. 领证日期　　D. 开始实施检验检疫的日期

51. 对于出境签证一般在①个工作日完成，入境签证在②个工作日完成，特殊情况除外。①②处正确的是（　）。

A. ①：2；②：5　　B. ①：5；②：7

C. ①：5；②：2　　D. ①：7；②：5

52. 输往美国带有木质包装的货物，海关凭检验检疫机构签发的（　）验放。

A.《植物检疫证书》　　B.《出境货物通关单》

C.《熏蒸证书》　　D.《检验证书》

三、多项选择题（选择一个以上正确的答案，将相应的字母填入题内的括号中）

1. 海关实施监督管理的对象是（　）。

A. 所有进出关境的运输工具　　B. 货物

C. 物品　　D. 进出境人员

E. 本国公民

2. 下列选项中，属于海关权力内容的是（　）。

A. 行政许可权　　B. 税费征收权　　C. 行政检查权　　D. 行政强制权

E. 行政处罚权

3. 按照报关的目的不同，报关可以分为（　）报关。

A. 进境　　B. 出境　　C. 货物　　D. 物品

E. 自理

4. 报关的范围包括（　）。

A. 进出境人员　　B. 进出境运输工具

C. 进出境货物　　D. 进出境物品

E. 以上各项都对

5.（　）属于正当理由，可以向海关申请修改/撤销进出口货物报关单。

A. 进出口货物在装载中发生溢短装造成原申报数据与实际货物不符

B. 出口放行后，由于配载原因造成退关

C. 由于网络原因导致电子数据申报错误的

D. 海关已经决定查验的进出口货物的报关单证“办结”前可以修改

E. 进出口货物在运输过程中发生不可抗力，造成申报数据与实际货物不符的

6. 申报人必须按照海关规定，对于同一批货物中不同的（　　），应分单申报。

A. 提运单号　　B. 征免性质　　C. 运输工具名称　　D. 许可证号

E. 合同号

7. 根据《海关法》第 23 条的规定，对海关监管货物监管期限表述错误的是（　　）。

A. 一般进口货物自进入关境起到办结海关手续止

B. 一般出口货物自出境起到办结海关手续止

C. 保税货物自进入关境起到出境最终办结海关手续止

D. 暂时出境货物自出境起到复进口办结海关手续止

E. 保税货物自进入关境起到出境放行止

8. 报关程序中的前期阶段主要适用于（　　）。

A. 保税货物　　B. 特定减免税货物

C. 暂准进出境货物　　D. 一般进出境货物

E. 所有进出境货物

9. 根据《海关法》对保税货物的定义，不属于保税货物的有（　　）。

A. 来料加工合同项下进口的料件和加工成品

B. 为保证来料加工合同的顺利执行，外商提供以工缴费偿还价款的专用设备

C. 来料加工合同项下进口包装物资

D. 临时进口货样

E. 加工成品而另外进口的配件

10. 下列（　　）货物不得申请转关运输。

A. 易制毒化学品　　B. 监控化学品

C. 消耗臭氧层物质　　D. 汽车类，包括成套散件和二类底盘

E. 玩具

11. 原出口货物退运进口，若该批货物未收汇，原出口货物的收货人或其代理人在向海关办理退运进口报关手续时，应向海关提交（　　）。

A. 进口货物报关单　　B. 原出口货物报关单

C. 原出口外汇核销单　　D. 原出口退税专用出口货物报关单

E. 原出口的全套单证、信用证和合同

12. 我国《海关法》规定的纳税义务人是（　　）。

A. 进口货物的收货人　　B. 出口货物的发货人

C. 进出境物品的所有人　　D. 中介

E. 货运代理

13. 从征收进口关税的主次程序来看，进口关税有正税与附加税之分，（　　）属于附加税。

A. 反倾销税　B. 反补贴税　C. 报复性关税　D. 进口环节税

E. 海关监管费

14. 下列公式正确的是（　　）。

A. 应征滞报金金额＝进口货物完税价格×0.05％×滞报天数

B. 应征滞报金金额＝出口货物完税价格×0.05％×滞报天数

C. 关税滞纳金金额＝滞纳应征税税款×0.05％×滞纳天数

D. 关税滞纳金金额＝完税价格×0.05％×滞纳天数

E. 关税滞纳金金额＝完税价格×0.01％×滞纳天数

15. 2001 年 4 月 10 日将（　　）合并，成立国家质量监督检验检疫总局，全面负责国家检验检疫和质量监督工作。

A. 国家出入境检验检疫局　　B. 国家质量技术监督局

C. 国家进出口商品检验局　　D. 国家卫生检疫局

E. 国家动植物检疫局

16. 我国出入境检验检疫工作的主要目的和任务包括（　　）。

A. 对进出口商品进行检验、鉴定和监督管理，促进对外经济贸易的顺利发展

B. 对出入境动植物及其产品的检疫和监督管理，防止有害生物由国外传入或由国内传出

C. 对出入境人员、交通工具、运输设备以及可能传播传染病的行李、货物、邮包等物品实施国境卫生检疫和口岸卫生监督

D. 根据 WTO 的 SPS/TBT 相关协定制定有关制度，采取措施，打破国外技术壁垒

E. 根据 WTO 的 SPS/TBT 相关协定，防止动植物盲目进口出口

17. 关于检验检疫工作程序，以下表述正确的有（　　）。

A. 入境货物一般检验检疫工作程序：报验后先检验检疫，再放行通关

B. 入境货物一般检验检疫工作程序：报验后先放行通关，再检验检疫

C. 出境货物一般检验检疫工作程序：报验后先检验检疫，再放行通关

D. 出境货物一般检验检疫工作程序：报验后先放行通关，再检验检疫

E. 出入境货物一般检验检疫工作程序：报检——放行通关——检验检疫

18. 报检单位作为报检单主体，按照登记性质的不同，主要可以分为（　　）。

A. 自营报检单位　B. 自理报检单位　C. 自主报检单位　D. 代理报检单位

E. 货代

19. 出入境检验检疫的报检范围主要包括（　　）。

A. 国家法律法规规定必须由出入境检验检疫机构检验检疫的

B. 输入国家或地区规定必须凭检验检疫机构出具的证书方准入境的

C. 有关国家条约规定须经检验检疫的

D. 申请签发一般原产地证书及普惠制证明书的

E. 外贸合同约定须凭检验检疫机构签发证书的

20. 下列说法正确的是（　　）。

A. 报检人持有关证单向产地检验检疫机构申请检验检疫以取得出境放行证明或其他证单的报检

B. 对于出境一般报检单货物，经检验检疫合格后，报检人凭报关地检验检疫机构签发的《出境货物通关单》向当地海关报关

C. 对于出境换证报检单货物，报关地检验检疫机构按照国家质检总局规定的抽查

比例进行查验

D. 需隔离检疫的出境动物在出境前60天预报，隔离前10天报检

E. 出境报检凭样品成交时，需提供样品

21. 合肥某玩具厂向美国出口一批玩具（木箱包装），货物从上海口岸出境，该玩具厂向安徽检验检疫机构报检时申请的单证有（　　）。

A. 出境货物通关单　　B. 出境货物换证凭证

C. 熏蒸/消毒证书　　D. 植物检疫证书

E. 以上各项都对

22. 关于《出境货物报检单》填制，下列说法正确的是（　　）。

A. 报检单位登记号就是报检单位在检验检疫机构备案或注册登记的代码

B. 报检日期是指检验检疫机构实际受理报检的日期，由检验检疫机构报检受理人员填写

C. 输往国家和地区栏内要填写出口货物的最终销售国

D. 原产国（地区）就是填写本批货物生产/加工的国家或地区

E. 目的地是指货物的境内目的地

23. 已经报检的出入境货物，检验检疫机构尚未实施检验检疫或虽已实施检验检疫但尚未出具证单的，报检人可向受理报检的检验检疫机构提出更改报检信息的申请。根据有关规定，下列情况中不能申请更改报检的有（　　）。

A. 尚未实施检验检疫，检验检疫要求更改后与原报检不一致的

B. 尚未实施检验检疫，品名更改后与原报检不是同一种商品的

C. 已实施检验检疫但尚未出具证单，品名更改后与原报检不是同一种商品的

D. 已实施检验检疫但尚未出具证单，检验检疫要求更改后与原报检不一致的

E. 已实施检验检疫，要求商品名称更改为俗名

24. 下列情况须重新报检的是（　　）。

A. 将货物包装由小纸箱更换为大纸箱

B. 将货物进行重新拼装

C. 变更输入国家，两国的检验检疫要求不同

D. 未超过检验检疫有效期限的

E. 同一批商品检验检疫证单遗失，要求补发

25. 当报检人对检验检疫机构的检验结果有异议时，可以向（　　）申请复验。

A. 原检验检疫机构　　B. 其上级检验检疫机构

C. 当地仲裁委员会　　D. 国家质检总局

E. 当地法院

26. 以下关于出境货物检验检疫单证有效期说法正确的是（　　）。

A. 植物和植物产品为 21 天，北方冬季可适当延长至 35 天

B. 出口换证凭单以标明的检验检疫有效期为准

C. 一般货物为 60 天

D. 鲜活类为 15 天

E. 交通工具检疫证书为 6 个月

第 4 部分

操作技能复习题

海上运输实务

一、整箱货出口运输操作（试题代码：1.1.1；考核时间：30 min）

1. 试题单

（1）操作条件

1）计算机（安装有国际货代操作系统）。

2）素材：信用证、补充资料、背景资料、提单、出口货物装箱单、保险单。

（2）操作内容

根据给定的素材完成以下任务：

1）填制海运货物提单。

2）填制出口货物第一个集装箱的装箱单。

3）填制海运货物保险单。

（3）操作要求

1）操作过程中所有涉及的单据，应根据要求在国际货代管理系统内填写完整规范。

2）试题要求涉及的其他信息，请在系统内查询使用。

3）所有操作完成后，请仔细确认并保存有关结果。

2. 素材及相关单据

（1）素材提供的资料

1）素材 1：信用证（英文信用证）。

2）素材 2：补充条件（以英文描述的与业务、信用证有关的补充条件）。

3）素材 3：背景资料（与业务有关的背景资料，中文描述）。

（2）需要填写的单据

1）提单（以下表式仅为示意）

Shipper	B/L NO. ABC Shipping Co. Bill of Lading
Consignee	
Notify Party	

Pre-carriage by	Place of Receipt
Ocean Vessel Voy. No.	Port of Loading
Port of Discharge	Place of Delivery

Container No. Seal No. Marks & Nos.	No. of Containers/P kg	Kinds of Packages, Description of Goods	Gross Weight kg	Measurement

TOTAL NUMBER OF CONTAINER OR PACKAGES (IN WORDS)

Freight & Charge	Revenue Tons	Rate	Per	Prepaid	Collect

Ex. Rate.	Prepaid at	Payable at	Place and Date of Issue
	Total prepaid	No. of Original B (s) /L	Signed for THE Carrier, ABC Shipping Co. as Carrier

LADEN ON BOARD THE VESSEL

DATE

(TERMS PLEASE FIND ON BACK OF ORIGINAL B/L)

2）保险单（以下表式仅为示意）

********************** 公司

**，Ltd.

发票号码 保险单号次

Invoice No. Policy No.

海洋货物运输保险单

MARINE CARGO TRANSPORTATION INSURANCE POLICY

被保险人：

Insured：……………………………………………………………………

中保财产保险公司（以下简称本公司）根据被保险人的要求，及其所缴付约定的保险费，按照本保险单承担险别和背面所载条款与下列特别条款承保下列货物运输保险，特签发本保险单。

This policy of Insurance witness that The People's Insurance（Property）Company of China，Ltd.（hereinafter called "The Company"），at the request of the Insured and in consideration of the agreed premium paid by the Insured，undertakes to insure the undermentioned goods in transportation subject to the conditions of this Policy as per the Clauses printed overleaf and other special clauses attached hereon.

保险货物项目 Description of Goods	包装 Packing	单位 Unit	数量 Quantity	保险金额 Amount Insured

承保险别 货物标记

Conditions Marks of Goods

总保险金额：

Total Amount Insured…………………………………………………………………….

保费 as agreed 载运工具 开航日期

Premium………………Per conveyance C. C… ………Slg. On or Abt………….

起运港 目的港

From…… ……………………To………………………………

所保货物，如发生本保险单项下可能引起索赔的损失或损坏，应立即通知本公司下述代理人查勘。如有索赔，应向本公司提交保险单正本（本保险单共有　　份正本）及有关文件。如一份已用于索赔，其余正本则自动失效。

In the event of loss or damage which may result in a claim under this Policy，immediate notice must be given to the Company's agent as mentioned hereunder. Claims，if any，one of the Original Policy which has been issued in 2 Original（s） together with the relevant documents shall be surrendered to the Company，if one of the Original Policy has been accomplished，the others to be void.

中保财产保险有限公司

THE PEOPLE'S INSURANCE(PROPERTY) COMPANY OF CHINA，LTD.

赔偿地点　　　　　　　　　　日期　　　　在

Claim payable at………… …Date………………at…………

地址

Address：

3）装箱单（以下表式仅为示意）

<table>
<tr><td colspan="4">Reefer Temperature Required
（冷藏温度）　℃　℉</td><td colspan="6" rowspan="2">CONTAINER LOAD PLAN
装箱单</td></tr>
<tr><td>Class
（等级）</td><td>IMDG Page
（危规页码）</td><td>UN NO.
（联合国编号）</td><td>Flash point
（闪点）</td></tr>
<tr><td colspan="4">Ship's Name/Voy No.
（船名/航次）</td><td>Port of Loading
（装港）</td><td>Port of Discharge
（卸港）</td><td>Place of Delivery
（交货地）</td><td colspan="3">SHIPPER'S/PACKER'S DECLARATIONS：</td></tr>
<tr><td colspan="4">Container No.（箱号）</td><td>Bill of Lading No.
（提单号）</td><td>Packages &Packing
（件数与包装）</td><td>Gross Weight
（毛重）</td><td>Measure-ments
（尺码）</td><td>Description of Goods
（货名）</td><td>Marks & Numbers
（唛头）</td></tr>
<tr><td colspan="4">Seal No.（封号）</td><td rowspan="4"></td><td rowspan="4"></td><td rowspan="4"></td><td rowspan="4"></td><td rowspan="4"></td><td rowspan="4"></td></tr>
<tr><td colspan="2">Cont. Size（箱型）
20' 40' 45'</td><td colspan="2">Cont. Type.
（箱类）</td></tr>
<tr><td colspan="4">ISO Code for Container Size/Type
（箱型/箱类 ISO 标准代码）</td></tr>
<tr><td colspan="4">Packer's Name/Address
（装箱人名称/地址）

TEL NO.（电话号码）</td></tr>
</table>

续表

Packing Date（装箱日期）	Received by Drayman（驾驶员签收及车号）	Total Packages（总件数）	Total Cargo Wt（总货重）	Total Meas（总尺码）	Remarks：（备注）
Packed BY：（装箱人签名）	Received by Terminals/Date of Receipt（码头收箱签收和收箱日期）		Cont. Tare Wt（集装箱皮重）	Cgo Cont Total Wt（货箱总重量）	

3. 评分表

试题代码及名称		1.1.1海运整箱货出口运输操作	考核时间（min）	30
编号	评分要素	配分	评分标准	得分
1	货物提单	10	填写错一处扣1分，扣完为止	
2	货物装箱单	5	填写错一处扣1分，扣完为止	
3	保险单	5	填写错一处扣1分，扣完为止	
合计配分		20	合计得分	

二、整箱货出口运输操作（试题代码：1.1.2；考核时间：30 min）

1. 试题单

（1）操作条件

1）计算机（安装有国际货代操作系统）。

2）素材：信用证、补充资料、背景资料、提单、出口货物装箱单、保险单。

（2）操作内容

根据给定的素材完成以下任务：

1）填制海运货物托运单。

2）填制出口货物第一个集装箱的装箱单。

3）填制海运货物保险单。

（3）操作要求

1）操作过程中所有涉及的单据，应根据要求在国际货代管理系统内填写完整规范。

2）试题要求涉及的其他信息，请在系统内查询使用。

3）所有操作完成后，请仔细确认并保存有关结果。

2. 素材及相关单据

（1）素材提供的资料

1）素材 1：信用证（英文信用证）。

2）素材 2：补充条件（以英文描述的与业务、信用证有关补充条件的说明）。

3）素材 3：背景资料（与业务有关的背景资料，中文描述）。

（2）需要填写的单据

1）托运单（以下表式仅为示意）

Shipper	B/L NO. ABC Shipping Co. Bill of Lading
Consignee	
Notify Party	
Pre-carriage by	Place of Receipt
Ocean Vessel Voy. No.	Port of Loading
Port of Discharge	Place of Delivery

Container No. Seal No. Marks & Nos.	No. of Containers of P kgs	Kinds of Packages, Description of Goods	Gross Weight kgs	Measurement
TOTAL NUMBER OF CONTAINER OR PACKAGES（IN WORDS）				

Freight & Charge	Revenue Tons	Rate	Per	Prepaid	Collect

Ex. Rate.	Prepaid at	Payable at	Place and Date of Issue
	Total Prepaid	No. of Original B（s）/L	Signed for THE Carrier, ABC Shipping Co. as Carrier

<table>
<tr><td colspan="2">Service Type on Receiving Service Type on Delivery
□—CY　□—CFS　□—DOOR　□—CY　□—CFS　□—DOOR</td><td colspan="2">冷冻温度－18℃</td></tr>
<tr><td>TYPE
OF
GOODS</td><td>□ORDINARY　□REEFER　□DANGEROUS
□AUTO　□LIQUID　□LIVE ANIMAL
□BULK　□___</td><td>危险品</td><td>Class:
Property:
IMDG Code Page:
UN No.</td></tr>
</table>

TRANSSHIPMENT:	PARTIAL SHIPMENT:
TIME OF SHIPMENT:	EXPERY DATE:
AMOUNT:	FREIGHT PREPAID OR COLLECT:
DATE:	TYPE OF CONTAINERS:

2）保险单

同上题。

3）装箱单

同上题。

3. 评分表

试题代码及名称		1.1.2 海运整箱货出口运输操作	考核时间（min）	30
编号	评分要素	配分	评分标准	得分
1	托运单	10	填写错一处扣 1 分，扣完为止	
2	货物装箱单	5	填写错一处扣 1 分，扣完为止	
3	保险单	5	填写错一处扣 1 分，扣完为止	
合计配分		20	合计得分	

三、整箱货出口运输操作（试题代码：1.1.3；考核时间：30 min）

1. 试题单

（1）操作条件

1）计算机（安装有国际货代操作系统）。

2）素材：信用证、补充资料、背景资料、托运单、出口货物装箱单、保险单。

（2）操作内容

根据给定的素材完成以下任务：

1）填制海运货物托运单。

2）填制出口货物第一个集装箱的装箱单。

3）填制海运货物保险单。

（3）操作要求

1）操作过程中所有涉及的单据，应根据要求在国际货代管理系统内填写完整规范。

2）试题要求涉及的其他信息，请在系统内查询使用。

3）所有操作完成后，请仔细确认并保存有关结果。

2. 素材及相关单据

（1）素材提供的资料

1）素材 1：信用证（英文信用证）。

2）素材 2：补充条件（以英文描述的与业务、信用证有关的补充条件）。

3）素材 3：背景资料（与业务有关的背景资料，中文描述）。

（2）需要填写的单据

1）托运单（以下表式仅为示意）

		B/L NO. ABC Shipping Co. Bill of Lading
Shipper		
Consignee		
Notify Party		
Pre-carriage by	Place of Receipt	
Ocean Vessel Voy. No.	Port of Loading	
Port of Discharge	Place of Delivery	

Container No. Seal No. Marks & Nos.	No. of Containers of P kgs	Kinds of Packages, Description of Goods	Gross Weight kgs	Measurement

续表

<table>
<tr><td colspan="7">TOTAL NUMBER OF CONTAINER OR PACKAGES (IN WORDS)</td></tr>
<tr><td>Freight & Charge</td><td>Revenue Tons</td><td>Rate</td><td>Per</td><td>Prepaid</td><td colspan="2">Collect</td></tr>
<tr><td>Ex. Rate.</td><td>Prepaid at</td><td colspan="2">Payable at</td><td colspan="3">Place and Date of Issue</td></tr>
<tr><td></td><td>Total Prepaid</td><td colspan="2">No. of Original B (s) /L</td><td colspan="3">Signed for THE Carrier,
ABC Shipping Co. as Carrier</td></tr>
</table>

<table>
<tr><td colspan="2">Service Type on Receiving Service Type on Delivery
□—CY □—CFS □—DOOR □—CY □—CFS □—DOOR</td><td colspan="2">冷冻温度－18℃</td></tr>
<tr><td>TYPE
OF
GOODS</td><td>□ORDINARY □REEFER □DANGEROUS
□AUTO □LIQUID □LIVE ANIMAL
□BULK □______</td><td>危险品</td><td>Class:
Property:
IMDG Code Page:
UN No.</td></tr>
</table>

TRANSSHIPMENT:	PARTIAL SHIPMENT:
TIME OF SHIPMENT:	EXPERY DATE:
AMOUNT:	FREIGHT PREPAID OR COLLECT:
DATE:	TYPE OF CONTAINERS:

2）保险单

同上题。

3）装箱单

同上题。

3. 评分表

<table>
<tr><td colspan="2">试题代码及名称</td><td colspan="2">1.1.3海运整箱货出口运输操作</td><td>考核时间（min）</td><td>30</td></tr>
<tr><td>编号</td><td>评分要素</td><td>配分</td><td colspan="2">评分标准</td><td>得分</td></tr>
<tr><td>1</td><td>货物托运单</td><td>10</td><td colspan="2">填写错一处扣1分，扣完为止</td><td></td></tr>
<tr><td>2</td><td>货物装箱单</td><td>5</td><td colspan="2">填写错一处扣1分，扣完为止</td><td></td></tr>
<tr><td>3</td><td>保险单</td><td>5</td><td colspan="2">填写错一处扣1分，扣完为止</td><td></td></tr>
<tr><td colspan="2">合计配分</td><td>20</td><td colspan="2">合计得分</td><td></td></tr>
</table>

四、海运整箱货进口运输操作（试题代码：1.2.X；考核时间：10 min）

1. 试题单

（1）操作条件

1）计算机（安装有国际货代操作系统）。

2）素材：提单、空白提货单、补充信息。

（2）操作内容

根据给定的素材完成以下任务：填制海运货物进口提货单。

（3）操作要求

1）操作过程中所有涉及的单据，应根据要求在国际货代管理系统内填写完整规范。

2）试题要求涉及的其他信息，请在系统内查询使用。

3）所有操作完成后，请仔细确认并保存有关结果。

2. 素材及相关单据

（1）素材提供的资料

1）进口提单（以下表式仅为示意，具体内容实际试题中给出）。

Bill of lading

<table>
<tr><td colspan="2">Shipper</td><td>B/L No.
KEESH708450K02</td></tr>
<tr><td colspan="2">Consignee</td><td rowspan="5">PORT TO PORT OR COMBINED TRANSPORT
RECEIVED by the carrier as specified below in apparent good order and condition unless otherwise stated, the goods shall be transported to such place as agreed, authorized or permitted herein and subject to all the terms and conditions whether written, typed, stamped, printed, or incorporated on the front and reverse side hereof which the Merchant agrees to be bound by accepting this Bill of Lading, any local privileges and customs notwithstanding.
The particulars given below as stated by the shipper, the weight, measure, quantity condition, contents and value of goods are unknown to the carrier.
In WITNESS whereof one (1) original Bill of Lading has been signed if not otherwise stated below, the same being accomplished the other (s), if any, to be void, if required by the carrier one (1) original Bill of lading must be surrendered duly endorsed in exchange for the goods or delivery order.
ORIGINAL</td></tr>
<tr><td colspan="2">Notify Party</td></tr>
<tr><td>Precarriage by *</td><td>Place of Receipt *</td></tr>
<tr><td>Vessel Voy. No.</td><td>Port of Loading</td></tr>
<tr><td>Port of Discharge</td><td>Place of Delivery *</td></tr>
</table>

续表

PARTICULARS FURNISHED BY THE MERCHANT

Container No. /Seal No. Marks & Numbers N/M	No. of Containers or Packages	Description of Goods	Gross Weight	Measurement

TOTAL NUMBER OF CONTAINERS OR PACKAGES (IN WORD) ONE CONTAINER ONLY

Freight & Charges	Rate	Unit	Prepaid	Collect

<table>
<tr><td colspan="2">Excess Value Declaration</td><td>Temperature Control Instructions</td></tr>
<tr><td>Prepaid at</td><td>Payable at</td><td rowspan="4">IN WITNESS of the number of original Bills of Lading stated above have been signed, one of which being accomplished, the other (s) to be void.
FOR THE CARRIER
章或签字</td></tr>
<tr><td colspan="2">Number of Original Bills of Lading</td></tr>
<tr><td colspan="2">Place of issue</td></tr>
<tr><td colspan="2">Date of issue</td></tr>
</table>

2）补充信息（进口提单有关的补充信息）。

（2）需要填写的单据

提货单（以下表式仅为示意）。

进口集装箱货物提货单

DELIVERY ORDER

港区场站 换单日期

<table>
<tr><td colspan="3">收货人名称</td><td colspan="2">收货人开户
银行与账号</td></tr>
<tr><td>船名</td><td>航次</td><td>起运港</td><td>目的港</td><td>船舶预计到港时间</td></tr>
<tr><td>提单号</td><td>交付条款</td><td>卸货地点</td><td>进库场日期</td><td>第一程运输</td></tr>
<tr><td>标记与集装箱号</td><td>货名</td><td>集装箱数或件数</td><td>重量（KGS）</td><td>体积（M³）</td></tr>
<tr><td></td><td></td><td></td><td></td><td></td></tr>
<tr><td>收货人章</td><td>海关章</td><td>检验检疫章</td><td></td><td></td></tr>
</table>

3. 评分表

试题代码及名称		1.2.X 海运进口运输操作	考核时间（min）		10
编号	评分要素	配分	评分标准		得分
1	进口提货单	10	填写错一处扣 2 分，扣完为止		
合计配分		10	合计得分		

五、拼箱货运输操作（一）（试题代码：1.3.X；考核时间：10 min）

1. 试题单

(1) 操作条件

1) 计算机（安装有国际货代管理系统）。

2) 素材：货物信息、运输信息、空白提单。

(2) 操作内容

填写集装箱 master B/L 或 house B/L。

(3) 操作要求

1) 操作过程中所有涉及的单据，应根据要求在国际货代管理系统内填写完整规范。

2) 试题要求涉及的其他信息，请在系统内查询使用。

3) 所有操作完成后，请仔细确认并保存有关结果。

2. 素材及相关单据

(1) 素材提供的资料

1) 货物信息（包括货主、买主信息、货物品名规格数量等）。

2) 运输信息（包括该业务相关必要运输信息）。

(2) 需要填写的单据

提单（以下表式仅为示意）。

Bill of lading

<table>
<tr><td colspan="2">Shipper</td><td rowspan="2">B/L No.</td></tr>
<tr><td colspan="2">Consignee</td></tr>
<tr><td colspan="2">Notify Party</td><td rowspan="5">PORT TO PORT OR COMBINED TRANSPORT
RECEIVED by the carrier as specified below in apparent good order and condition unless otherwise stated, the goods shall be transported to such place as agreed, authorized or permitted herein and subject to all the terms and conditions whether written, typed, stamped, printed, or incorporated on the front and reverse side hereof which the Merchant agrees to be bound by accepting this Bill of Lading, any local privileges and customs notwithstanding.
The particulars given below as stated by the shipper, the weight, measure, quantity condition, contents and value of goods are unknown to the carrier.
In WITNESS whereof one (1) original Bill of Lading has been signed if not otherwise stated below, the same being accomplished the other (s), if any, to be void, if required by the carrier one (1) original Bill of lading must be surrendered duly endorsed in exchange for the goods or delivery order.
ORIGINAL</td></tr>
<tr><td>Precarriage by *</td><td>Place of Receipt *</td></tr>
<tr><td>Vessel Voy. No.</td><td>Port of Loading</td></tr>
<tr><td>Port of Discharge</td><td>Place of Delivery *</td></tr>
</table>

PARTICULARS FURNISHED BY THE MERCHANT

Container No. /Seal No. Marks & Numbers N/M	No. of Containers or Packages	Description of Goods	Gross Weight	Measurement

<table>
<tr><td colspan="5">TOTAL NUMBER OF CONTAINERS
OR PACKAGES (IN WORD)</td></tr>
<tr><td>Freight & Charges</td><td>Rate</td><td>Unit</td><td>Prepaid</td><td>Collect</td></tr>
<tr><td colspan="2">Excess Value Declaration</td><td colspan="3" rowspan="2">Temperature Control
Instructions</td></tr>
<tr><td>Prepaid at</td><td>Payable at</td></tr>
<tr><td colspan="2">Number of Original Bills of Lading</td><td colspan="3" rowspan="3">IN WITNESS of the number of original Bills of Lading stated above have been signed, one of which being accomplished, the other (s) to be void.
FOR THE CARRIER</td></tr>
<tr><td colspan="2">Place of issue</td></tr>
<tr><td colspan="2">Date of issue</td></tr>
</table>

* Applicable only when Document used as a Combined Transport Bill of Lading STANDARD FORM 2003

3. 评分表

试题代码及名称		1.3.X 拼箱货运输操作	考核时间（min）	10
编号	评分要素	配分	评分标准	得分
1	填写提单	10	填写错 1 处扣 2 分，扣完为止	
合计配分		10	合计得分	

六、拼箱货运输操作（二）（试题代码：1.3.2；考核时间：10 min）

1. 试题单

（1）操作条件

1）计算机（安装有国际货代管理系统）。

2）素材：信用证、运输信息、空白提单。

（2）操作内容

填写集装箱 HOUSE 提单。

（3）操作要求

1）操作过程中所有涉及的单据，应根据要求在国际货代管理系统内填写完整规范。

2）试题要求涉及的其他信息，请在系统内查询使用。

3）所有操作完成后，请仔细确认并保存有关结果。

2. 素材及相关单据

（1）素材提供的资料

1）信用证

货主 1					
货主 2					
…	…	…	…	…	…

及上述货主有关信息。

2）运输信息（包括该业务相关必要运输信息）。

（2）需要填写的单据

提单（以下表式仅为示意）。

Bill of lading

<table>
<tr><td colspan="2">Shipper (2)</td><td colspan="3" rowspan="2">B/L No. (1)</td></tr>
<tr><td colspan="2">Consignee (3)</td></tr>
<tr><td colspan="2">Notify Party (4)</td><td colspan="3" rowspan="5">PORT TO PORT OR COMBINED TRANSPORT
RECEIVED by the carrier as specified below in apparent good order and condition unless otherwise stated, the goods shall be transported to such place as agreed, authorized or permitted herein and subject to all the terms and conditions whether written, typed, stamped, printed, or incorporated on the front and reverse side hereof which the Merchant agrees to be bound by accepting this Bill of Lading, any local privileges and customs notwithstanding.
The particulars given below as stated by the shipper, the weight, measure, quantity condition, contents and value of goods are unknown to the carrier.
In WITNESS whereof one (1) original Bill of Lading has been signed if not otherwise stated below, the same being accomplished the other (s), if any, to be void, if required by the carrier one (1) original Bill of lading must be surrendered duly endorsed in exchange for the goods or delivery order.
ORIGINAL</td></tr>
<tr><td>Precarriage by *</td><td>Place of Receipt *</td></tr>
<tr><td>Vessel Voy. No. (5)</td><td>Port of Loading (6)</td></tr>
<tr><td>Port of Discharge (7)</td><td>Place of Delivery *</td></tr>
<tr><td></td><td></td></tr>
<tr><td colspan="5">PARTICULARS FURNISHED BY THE MERCHANT</td></tr>
<tr><td>Container No. /Seal No.
Marks & Numbers (8)</td><td>No. of Containers
or Packages (9)</td><td>Description of Goods
(10)</td><td>Gross Weight
(11)</td><td>Measurement
(12)</td></tr>
<tr><td colspan="5">TOTAL NUMBER OF CONTAINERS
OR PACKAGES (IN WORD) (13)</td></tr>
<tr><td>Freight & Charges</td><td>Rate</td><td>Unit</td><td>Prepaid</td><td>Collect</td></tr>
<tr><td colspan="2">Excess Value Declaration</td><td colspan="3" rowspan="2">Temperature Control
Instructions</td></tr>
<tr><td>Prepaid at</td><td>Payable at</td></tr>
<tr><td colspan="2">Number of Original Bills of Lading (14)</td><td colspan="3" rowspan="4">IN WITNESS of the number of original Bills of Lading stated above have been signed, one of which being accomplished, the other (s) to be void.
FOR THE CARRIER</td></tr>
<tr><td colspan="2">Place of DATE issue (15)</td></tr>
<tr><td colspan="2"></td></tr>
<tr><td colspan="2"></td></tr>
</table>

* Applicable only when Document used as a Combined Transport Bill of Lading STANDARD FORM 2003

3. 评分表

试题代码及名称		1.3.2 拼箱货运输操作		考核时间（min）	10
编号	评分要素	配分	评分标准		得分
1	填写提单	10	填写错 1 处扣 2 分，扣完为止		
合计配分		10	合计得分		

七、散货包舱运输操作（试题代码：1.4.X；考核时间：10 min）

1. 试题单

（1）操作条件

1）计算机（安装有国际货代操作系统）。

2）素材：港口作业时间事实记录和补充资料。

（2）操作内容

按给定素材完成以下操作：

1）填制滞期/或速遣表（包括计算滞期/或速遣天数等）。

2）按指定方法（包括滞期时间连续计算等）计算滞期/或速遣费用。

（3）操作要求

1）答题时应详细写出计算过程。

2）必须在指定的答题卷（Word 文档）上完成答题并保存。

2. 素材及相关单据

（1）素材提供的资料

1）港口作业时间事实记录（以下仅为示意，具体内容实际试题中给出）。

日期	星期	时间		说明
		开始时间	终止时间	

2）补充资料（包括货物情况，滞期费、速遣费以及其他一些边界条件）。

（2）需要填写的单据

滞期/或速遣表（以下表式仅为示意）。

可用装货时间
船舶抵港时间　月　日
装卸准备就绪通知书递交时间　月　日
装卸准备就绪通知书接受时间　月　日
装货时间起算时间　月　日
装货开始时间　月　日
装货完毕时间　月　日

日期	星期	时间		说明	可用时间			实用时间			滞期/节省时间		
		起	止		D	H	M	D	H	M	D	H	M
合计													

3. 评分表

试题代码及名称		1.4.X 散杂贷包舱运输操作			考核时间（min）	10
编号	评分要素	配分	分值	评分标准		得分
1	填制滞期/或速遣表	8	3	滞期/速遣表头错一处扣 0.5 分，扣完为止		
			2	可用时间填错一处扣 0.5 分，扣完为止		
			2	实用时间填错一处扣 0.5 分，扣完为止		
			1	滞期/节省时间填错一处扣 0.5 分，扣完为止		
2	计算滞期＼速遣、天数＼费用	2	1	计算滞期/速遣天数，计算错误扣 1 分		
			1	计算滞期/速遣费用，计算错误扣 1 分		
合计配分		10	合计得分			

八、风险防范和异常情况处理（试题代码：1.5.1；考核时间：10 min）

1. 试题单

（1）操作条件

1）计算机（安装有国际货代操作系统）。

2）素材：运输条件背景资料。

（2）操作内容

根据给定的素材完成以下任务：填制航空货物索赔单。

（3）操作要求

1）操作过程中所有涉及的单据，应根据要求填写完整规范。

2）以上过程有关单据、表式部分在给定的货代系统内完成。

3）所有操作完成后，请仔细确认并保存有关结果。

2. 素材及相关单据

（1）素材提供的资料

货损情况（包括业务背景资料、货损结果及详细情况）。

（2）需要填写的单据

货物索赔单（供考生参考索赔单撰写要素）。

货物索赔单

CARGO ALAIM FORM

编号：

年　月　日

货单号码______________________________

索赔人联系电话__________________________

索赔人姓名_____________________________

索赔地址______________________________

索赔事由______________________________

____

____

____

运输事故签证编号______

品　　名______ 件　数______ 重　　量______

始 发 站______ 经停站______ 目 的 站______

货物价值______ 运　费______ 赔偿金额______

发生事故的地点和时间______

受理人______

受益人______

3. 评分表

试题代码及名称		1.5.1 风险防范与事故处理	考核时间（min）	10
编号	评分要素	配分	评分标准	得分
1	货物索赔单	10	填错一处扣1分，扣完为止	
合计配分		10	合计得分	

九、风险防范和异常情况处理（试题代码：1.5.2；考核时间：10 min）

1. 试题单

（1）操作条件

1）计算机（安装有国际货代操作系统）。

2）素材：运输条件背景资料。

（2）操作内容

根据给定的素材完成以下任务：撰写索赔函。

（3）操作要求

1）操作过程中所有涉及的单据，应根据要求填写完整规范。

2）以上过程有关单据、表式部分在给定的货代系统内完成。

3）所有操作完成后，请仔细确认并保存有关结果。

2. 素材及相关单据

（1）素材提供的资料

货损情况（包括业务背景资料、货损结果及详细情况）。

（2）需要填写的单据

索赔函（以下表式仅为示意）。

索赔函

To：

本公司委托贵司承运的货物，提单号：　，　，航次：船名　　航次.

该船于　　靠　　　作业区　　号泊位。在提货时，我司发现其中　　，　　　制作货物残损单，经　　　签字确认。后来我司对　　进行了修理，　费用为　　元。

现我司向贵司提出以下处理意见和索赔申请：

该批货物外表损害的修理费用　　　元，请给予赔偿。

落款

日期

随附：

---

3. 评分表

试题代码及名称		1.5.2 风险防范与事故处理	考核时间（min）	10
编号	评分要素	配分	评分标准	得分
1	索赔函	10	错一项扣 2 分，扣完为止	
合计配分		10	合计得分	

十、风险防范和异常情况处理（试题代码：1.5.3；考核时间：10 min）

1. 试题单

（1）操作条件

1）计算机（安装有国际货代操作系统）。

2）素材：运输条件背景资料。

（2）操作内容

根据给定的素材完成以下任务：撰写保函。

（3）操作要求

1）操作过程中所有涉及的单据，应根据要求填写完整规范。

2）以上过程有关单据、表式部分在给定的货代系统内完成。

3）所有操作完成后，请仔细确认并保存有关结果。

2. 素材及相关单据

（1）素材提供的资料

货损情况（包括业务背景资料、货损结果及详细情况）。

（2）需要填写的单据

电放保函（以下表式仅为示意）。

电放保函

致：(1) ____________公司

兹我司装一批货经贵司承运，主要明细内容如下：

发货人　(2) ....

收货人　(3) ....

船名航次 (4) ....

提单号码 (5) ....

装货港　(6) ....

目的港　(7) ....

货物内容 (8) ....

电放对象 (9) ....

对于以上所述货物，请准予采用电报放货处理，货物请将予上述目的港买方径行提领，若由此发生纠纷，一切风险、责任和损失皆由我司负责承担，特此具结。

发货人签字（公司盖章）(10) ____________

货运代理人盖章 (11) ____________

日期：(12) ________年____月____日

3. 评分表

试题代码及名称		1.5.3 风险防范与事故处理		考核时间（min）	10
编号	评分要素	配分	评分标准		得分
1	电放保函	10	错一项扣 2 分，扣完为止		
合计配分		10	合计得分		

十一、风险防范和异常情况处理（试题代码：1.5.4；考核时间：10 min）

1. 试题单

（1）操作条件

1）计算机（安装有国际货代操作系统）。

2）素材：运输条件背景资料。

（2）操作内容

根据给定的素材完成以下任务：撰写索赔通知书。

（3）操作要求

1）操作过程中所有涉及的单据，应根据要求填写完整规范。

2）以上过程有关单据、表式部分在给定的货代系统内完成。

3）所有操作完成后，请仔细确认并保存有关结果。

2. 素材及相关单据

（1）素材提供的资料

货损情况（包括业务背景资料、货损结果及详细情况）。

（2）需要填写的单据

索赔通知书（以下表式仅为示意）。

索赔通知书

中国人民财产保险股份有限公司________市分公司：

兹有我（我们）______________________于______年______月______日因______________原因造成______________损失，估计损失金额______________。

根据______________号保险单内容规定，特向贵司提出索赔。

（索赔人盖章）________

（签名）________

年　　月　　日

3. 评分表

试题代码及名称		1.5.4 风险防范与事故处理		考核时间（min）	10
编号	评分要素	配分	评分标准		得分
1	赔通知书索	10	错一项扣2分，扣完为止		
合计配分		10	合计得分		

十二、风险防范和异常情况处理（试题代码：1.5.5；考核时间：10 min）

1. 试题单

（1）操作条件

1）计算机（安装有国际货代操作系统）。

2）素材：运输条件背景资料。

（2）操作内容

根据给定的素材完成以下任务：撰写赔款及权益转让书。

（3）操作要求

1）操作过程中所有涉及的单据，应根据要求填写完整规范。

2）以上过程有关单据、表式部分在给定的货代系统内完成。

3）所有操作完成后，请仔细确认并保存有关结果。

2. 素材及相关单据

（1）素材提供的资料

货损情况（包括业务背景资料、货损结果及详细情况）。

（2）需要填写的单据

赔款及权益转让书（以下表式仅为示意）。

赔款收据及权益转让书

RECEIPT AND SUBROGATION FORM

保险单号码：Policy/Certificate No. ________________________

保 险 金 额：Insured Amount：________________________

赔 案 号：Loss No. ________________________

致：*******************有限公司　　　　　　　分公司

To：*************　Insurance Company of China Ltd ______ Branch.

贵公司赔付有关上述保险单项下由________________轮承运自______港/地至______港/地的（货物）__________索赔案的赔款________（大写）__________（小写）已收到。立书人同意接受上述赔款，从而结束上述保险单项下的全部索赔。

Received from Ping An Property & Casualty Insurance Company of China Ltd. Branch, the sum of ______________ (__________) in full and final settlement of the claim under the above mentioned Policy/

Certificate Shipped per M/V. "__________" from __________ to __________.

鉴于收到该款，立书人同意将已取得的上述赔款部分保险标的的一切权益转让给贵公司，并同意贵公司以贵公司或立书人的名义向责任方追偿或诉讼，立书人并将提供一切必要的协助，以利贵公司实现该项权益。

In consideration of having received this payment, we hereby agree to assign, transfer and subrogate to you, to the extent of your interest, all our rights and remedies in respect of the subject matter insured, and to grant you full power and give you any assistance you may reasonably require of us in the exercise of such rights and remedies in our or your name and at your own expense.

Date at（地点）________ this（日）________ day of（月）________

（年）20______

立书人（签章）____________

Signed: ____________

3. 评分表

试题代码及名称		1.5.5 风险防范与事故处理	考核时间（min）	10
编号	评分要素	配分	评分标准	得分
1	赔款及权益转让书	10	错一项扣1分，扣完为止	
合计配分		10	合计得分	

航空运输实务

一、包舱包板运输操作（试题代码：2.1.1；考核时间：10 min）

1. 试题单

（1）操作条件

1）计算机（安装有国际货代管理系统）。

2）素材：信用证、补充资料、空白空运单。

（2）操作内容

根据给定的素材完成以下任务：

1）计算运费，必须写出计算过程。

2）填制航空空运单。

（3）操作要求

1）操作过程中所有涉及的单据，应根据要求在国际货代管理系统内填写完整规范。

2）试题要求涉及的其他信息，请在系统内查询使用。

3）计算运费请填写在答题卷（Word 文档）上，必须把计算过程详细写出。

4）所有操作完成后，请仔细确认并保存有关结果。

2. 素材及相关单据

（1）素材提供的资料

1）信用证（英文信用证）。

2）补充资料（运价表）。

（2）需要填写的单据

1）空运单（以下表式仅为示意）。

<table>
<tr><td colspan="6">Shipper's Name and Address</td><td colspan="3">NOT NEGOTIABLE
Air Waybill
Issued by</td></tr>
<tr><td colspan="6">Consignee's Name and Address</td><td colspan="3" rowspan="3">It is agreed that the goods described herein are accepted in apparent good order and condition (except as noted) for carriage SUBJECT TO THE CONDITIONS OF CONTRACT ON THE REVERSE HEREOF, ALL GOODS MAY BE CARRIED BY ANY OTHER MEANS. INCLUDING ROAD OR ANY OTHER CARRIER UNLESS SPECIFIC CONTRARY INSTRUCTIONS ARE GIVEN HEREON BY THE SHIPPER. THE SHIPPER'S ATTENTION IS DRAWN TO THE NOTICE CONCERNING CARIER'S LIMITATION OF LIABILITY.
Shipper may increase such limitation of liability by declaring a higher value of carriage and paying a supplemental charge if required.</td></tr>
<tr><td colspan="6">Issuing Carrier's Agent Name and City</td></tr>
<tr><td colspan="2">Agents IATA Code</td><td colspan="4">Account No.</td></tr>
<tr><td colspan="6">Airport of Departure (Add. of First Carrier) and Requested Routing</td><td colspan="3">Accounting Information</td></tr>
<tr><td>to</td><td>by first carrier</td><td>to</td><td>by</td><td>to</td><td>by</td><td>Currency</td><td>Declared Value for Carriage</td><td>Declared Value for Customs</td></tr>
<tr><td colspan="2">Airport of Destination</td><td colspan="2">Flight/Date</td><td colspan="2">Amount of Insurance</td><td colspan="3">INSURANCE—If carrier offers insurance and such insurance is requested in accordance with the conditions thereof indicate amount to be insured in figures in box marked "Amount of Insurance"</td></tr>
</table>

续表

Handling Information						
No. of Pieces	Gross Weight	Rate Class	Chargeable Weight	Rate/Charge	Total	Nature and Quantity of Goods
				AS ARRANGED		

Prepaid Weight Charge Collect	Other Charges
Valuation Charge	
Tax	
Total Other Charges Due Agent	Shipper certifies that the particulars on the face hereof are correct and that insofar as any part of the consignment contains dangerous goods, such part is properly described by name and is in proper condition for carriage by air according to the applicable Dangerous Goods Regulations. ______________ Signature of Shipper or His Agent
Total Other Charges Due Carrier	

Total Prepaid	Total Collect	Executed on ________ at ________ Signature of issuing Carrier or as Agent	
Currency Conversion Rates	CC Charges in des. Currency		
For Carrier's Use Only at Destination	Charges at Destination		
For Carrier's Use Only at Destination	Charges at Destination	Total Collect Charges	AIR WAYBILL NUMBER

3. 评分表

试题代码及名称		2.1.1 包舱包板运输操作		考核时间（min）	10
编号	评分要素	配分	分值	评分标准	得分
1	填制航空运单	6	6	填写错 1 处扣 2 分，扣完为止	
2	计算运费	4	2	计费重量，漏/错一步过程，扣 1 分，扣完为止	
			2	运费计算，漏/错一步过程，扣 1 分，扣完为止	
合计配分		10		合计得分	

二、包舱包板运输操作（试题代码：2.1.2；考核时间：10 min）

1. 试题单

（1）操作条件

1）计算机（安装有国际货代管理系统）。

2）素材：空运货物资料、补充资料、空白空运单。

（2）操作内容

根据给定的素材完成以下任务：

1）填制包网板运费单。

2）填制航空空运单。

（3）操作要求

1）操作过程中所有涉及的单据，应根据要求在国际货代管理系统内填写完整规范。

2）试题要求涉及的其他信息，请在系统内查询使用。

3）计算运费请填写在答题卷（Word 文档）上，必须把计算过程详细写出。

4）所有操作完成后，请仔细确认并保存有关结果。

2. 素材及相关单据

（1）素材提供的资料

1）货物资料。

2）运输资料（货物运输路径、运输情况等）。

3）补充资料（运价表）。

（2）需要填写的单据

1）包网板运费单（以下表式仅为示意）。

网板型号	货物毛重	体积重量	计费重量	运费	货运公司毛利
合计					

2）航空运单运费栏（以下表式仅为示意）。

No. of pieces RCP	Gross Weight	Kg Lb	Rate Class	Commodity Item No.	Chargeable Weight	Rate/Charge	Total	Goods

3. 评分表

试题代码及名称		2.1.2 包舱包板运输操作	考核时间（min）	10
编号	评分要素	配分	评分标准	得分
1	包网板运费	5	填写错 1 处扣 1 分，扣完为止	
2	航空运单运费栏	5	填写错 1 处扣 1 分，扣完为止	
合计配分		10	合计得分	

三、特种货物运输操作（试题代码：2.2.X；考核时间：15 min）

1. 试题单

（1）操作条件

1）计算机（安装有国际货代操作系统）。

2）素材：背景资料、运价表和空白运单运费栏。

（2）操作内容

根据给定的素材完成以下任务：

1）计算运费。

2）填制航空货运单运费计算栏。

（3）操作要求

1）操作过程中所有涉及的单据，应根据要求在国际货代管理系统内填写完整规范。

2）试题要求涉及的其他信息，请在系统内查询使用。

3）计算运费请填写在答题卷（Word 文档）上，必须把计算过程详细写出。

4）所有操作完成后，请仔细确认并保存有关结果。

2. 素材及相关单据

(1) 素材提供的资料

1) 背景资料（包括货物及其运输的具体情况）。

2) 运价表。

(2) 需要填写的单据

航空货运单运费计算栏（以下表式仅为示意）。

航空货运单运费计算栏

No. of Pieces RCP	Gross Weight	Kg—Lb	Rate Class	Commodity Item No.	Chargeable Weight	Rate/Charge	Total	Nature and Quantity of Goods (incl. dimensions or volume)

3. 评分表

试题代码及名称		2.2.X 特种货物运输操作	考核时间（min）	15
编号	评分要素	配分	评分标准	得分
1	计算计费重量/按照普通运价、使用规则计算运费	3	计算过程，漏错一步扣1分，扣完为止	
2	计算航空运费/按指定商品运价使用规则计算运费	3	计算过程，漏错一步扣1分，扣完为止	
3	填制航空货运单运费计算栏	4	漏错一处扣1分，扣完为止	
合计配分		10	合计得分	

其他运输实务

国际多式联运运输操作（试题代码：3.1.X；考核时间：10 min）

1. 试题单

(1) 操作条件

1）计算机（安装有国际货代管理系统）。

2）素材：多式联运舱单、补充资料、海运多式联运提单。

（2）操作内容

根据给定素材完成以下内容：根据所给的物流单证和说明，制作一份海运提单。

（3）操作要求

1）操作过程中所有涉及的单据，应根据要求在国际货代管理系统内填写完整规范。

2）试题要求涉及的其他信息，请在系统内查询使用。

3）所有操作完成后，请仔细确认并保存有关结果。

2. 素材及相关单据

（1）素材提供的资料

1）多式联运舱单（以下表式仅为示意，具体内容实际试题中给出）。

CARGO DECLARATION

<table>
<tr><td rowspan="2">CARGO MANIFEST</td><td colspan="3">Name of Ship</td><td colspan="2">Port Where Report is Made (Presented)</td><td colspan="3"></td></tr>
<tr><td colspan="2">Nationality of Ship</td><td>Place of Receipt</td><td>a. Port of Loading</td><td>b. Port of Discharge</td><td colspan="2">Place of Delivery</td><td>Date of Sailing from Port of Loading</td></tr>
<tr><td colspan="2">Shipper；Consignee；Notify Address</td><td>B/L No'S</td><td>10. Marks and Nos. Container Nos. Seal Nos.</td><td colspan="2">Number and Kind of Packages；Description of Goods，Unit No.</td><td>Gross Weight</td><td>Measurement</td><td>Customs Acquittal No.</td></tr>
<tr><td colspan="2">SHIPPER：
CONSIGNEE：
NOTIFY PARTY：
FREIGHT PREPAID
DESTINATION CHARGES COLLECT</td><td></td><td></td><td colspan="2">**TOTAL：</td><td>——</td><td>——</td><td></td></tr>
</table>

2）补充资料（与上述舱单有关补充说明）。

（2）需要填写的单据

多式联运提单（以下表式仅为示意）。

(2) Shipper	(1) B/L NO. *********有限公司 *************CO.，LTD Port-to-port or Combined Transport BILL OF LADING
(3) Consignee	RECEIVED in external apparent good order and condition. Except otherwise noted. The total number of containers or other packages or units shown in this bill of Lading receipt, said by the shipper to contain the goods described above. Which description the carrier has no reasonable means of checking and is not part of the bill of lading.
(4) Notify Party (Carrier not to be responsible for failure to notify)	

Pre-carriage by		Place of Receipt
(5) Ocean Vessel　　Voy. No.		(6) Port of Loading
(7) Port of discharge	(8) Place of Delivery	Final Destination

(9) Marks & Nos. Containers Seal No.	(10) No. of Containers or P'kgs	(11) Kind of Packages: Description of Goods	(12) Gross Weight (13) Measurement
		Description of Contents for Shipper's	Use Only (CARRIER OF RESPONSIBLE)
(14) TOTAL NO. CONTAINERS OR PACKAGES (IN WORDS)			

Ex. Rate:	Prepaid at		Payable at	(15) Place and Date of Issue
	Total Prepaid in		(16) No. of Original B (s) /L	Signed for the Carrier

3. 评分表

试题代码及名称		3.1.X 国际多式联运运输操作	考核时间（min）		10
编号	评分要素	配分	评分标准		得分
1	海运多式联运提单	10	填写错1处扣1分，扣完为止		
合计配分		10	合计得分		

报关实务

一、进口报关单制作与审核（试题代码：4.1.1；考核时间：15 min）

1. 试题单

（1）操作条件

1）计算机（装有国际货代管理系统）。

2）素材：发票、装箱单、海运提单、补充资料、进口货物报关单。

（2）操作内容

根据给定素材完成以下内容：填写进口货物报关单，如果素材没有给出的栏目，不需填写。

（3）操作要求

1）操作过程中所有涉及的单据，应根据要求在国际货代管理系统内填写完整规范。

2）试题要求涉及的其他信息，请在系统内查询使用。

3）所有操作完成后，请仔细确认并保存有关结果。

2. 素材及相关单据

（1）素材提供的资料

1）背景资料（业务情况详细说明）。

2）提单（以下表式仅为示意，具体内容实际试题中给出）。

Bill of lading

<table>
<tr><td colspan="2">Shipper</td><td>B/L　No.</td></tr>
<tr><td colspan="2">Consignee</td><td rowspan="5">PORT TO PORT OR COMBINED TRANSPORT
RECEIVED by the carrier as specified below in apparent good order and condition unless otherwise stated，the goods shall be transported to such place as agreed，authorized or permitted herein and subject to all the terms and conditions whether written，typed，stamped，printed，or incorporated on the front and reverse side hereof which the Merchant agrees to be bound by accepting this Bill of Lading，any local privileges and customs notwithstanding.
The particulars given below as stated by the shipper，the weight，measure，quantity condition，contents and value of goods are unknown to the carrier.
In WITNESS whereof one（1）original Bill of Lading has been signed if not otherwise stated below，the same being accomplished the other（s），if any，to be void，if required by the carrier one（1）original Bill of lading must be surrendered duly endorsed in exchange for the goods or delivery order.
ORIGINAL</td></tr>
<tr><td colspan="2">Notify Party</td></tr>
<tr><td>Precarriage by *</td><td>Place of Receipt *</td></tr>
<tr><td>Vessel Voy. No.</td><td>Port of Loading</td></tr>
<tr><td>Port of Discharge</td><td>Place of Delivery *</td></tr>
</table>

PARTICULARS FURNISHED BY THE MERCHANT

Container No. /Seal No. Marks & Numbers	No. of Containers or Packages	Description of Goods CINS AA FA07-0550 SLAC CY. CY	Gross Weight	Measurement

TOTAL NUMBER OF CONTAINERS
OR PACKAGES（IN WORD）　SAY FOUR HUNDRED AND TWENTY CARTONS ONLY

3）发票（以下表式仅为示意，具体内容实际试题中给出）。

IMARITIME SQUARE 07. 01

WORLD TRADE CENTER SINGAPORE 099253

PHONE：2732244（12 LINES）

CABLES：FORELPONT　TELEX：DUFE RS 21963

DU PONT SINGAPORE EIBRES PTE LTD

INVOICE NUMBER：

SOLD TO：

TEL：

SHIP TO：

PRODUCT AND DESCRIPTION	QUANTITY	UNIT	UNIT PRICE	AMOUNT

4）装箱单（以下表式仅为示意，具体内容实际试题中给出）。

DU PONT SINGAPORE

PACKING LIST

27 MAR 2008

VESSEL/VOYAGE：

DEPARTURE DATE：ON/ABOUT：

PORT OF DISCHARGE：

MARKING	CARGO DESCRIPTION	GROSS WEIGHT KGS	NET WEIGHT KGS	MEASUREMENT CBM

（2）需要填写的单据（进口货物报关单）

预录入编号：　　　　　　　　　　　　海关编号：

进口口岸		备案号	进口日期	申报日期
经营单位		运输方式	运输工具名称	提运单号
收货单位		贸易方式	征免性质	征税比例
许可证号	起运国（地区）		装货港	境内目的地
批准文号	成交方式	运费	保费	杂费
合同协议号	件数	包装种类	毛重（千克）	净重（千克）
集装箱号	随附单据			用途

标记唛码及备注

项号	商品编码	商品名称、规格型号	数量及单位	原产国（地区）	单价	总价	币值	征免

税费征收情况

录入员　录入单位	兹声明以上申报无讹并承担法律	海关审单批注及放行日期（签章）
报关员	责任	审单　审价
单位地址	申报单位（签章）	征税　统计
邮编　电话	填制日期	查验　放行

3. 评分表

试题代码及名称		4.1.1 进口报关操作	考核时间（min）	15
编号	评分要素	配分	评分标准	得分
1	进口报关单	10	填错1处1分，扣完为止	
合计配分		10	合计得分	

二、进口报关单制作与审核（试题代码：4.1.2；考核时间：15 min）

1. 试题单

（1）操作条件

1）计算机（装有国际货代管理系统）。

2）素材：发票、装箱单、空运到货通知、补充资料、进口货物报关单。

（2）操作内容

根据给定素材完成以下内容：填写进口货物报关单，如果素材没有给出的栏目，不需填写。

（3）操作要求

1）操作过程中所有涉及的单据，应根据要求在国际货代管理系统内填写完整规范。

2）试题要求涉及的其他信息，请在系统内查询使用。

3）所有操作完成后，请仔细确认并保存有关结果。

2. 素材及相关单据

（1）素材提供的资料

1）背景资料（业务情况详细说明）。

2）空运到货通知（以下表式仅为示意，具体内容实际试题中给出）。

国际空运货运到货通知书

致　**********(上海)　　　　　　　　　　　　　　　　　查询编号：

兹有贵单位下列空运进口货物已由________航班于________运抵上海，总运单号_________，分运单号_________，件数________，重量________，到付运费及手续费。

请带合同、发票等报关所需文件，前往我公司机场办公室办理海关和提货手续。

接待时间：____________。

本公司自货物到达之日起免费保管三天（外地五天），逾期我公司将收取保管费每天每千克______元，

______天后保管费加倍收；冷藏品、危险品、贵重物品无免费保管期，仓储费按______元/千克/天计收，______天后加倍，到付运费须在提货前付清。

自货物到达上海______天后未办理海关手续和逾期______个月未提货的，我公司将根据《中华人民共和国海关法》第18条和第21条处理。

为了方便客户，本公司设有代理报检、代理报关和送货上门等服务项目，如委托我公司办理上述业务，请填写委托书与本公司进口部联系，联系方式如下：

机场办公室：

提货仓库地址：

以上货物完好无损，已提取，此据。

提货单位盖章签字：__________________

国际货运有限公司

______年____月____日

3）发票（以下表式仅为示意，具体内容实际试题中给出）。

INVOICE

******** LTD

		INVOICE NO.：　　　　DATE：		
		L/C NO.：		
		CONTRACT NO.：		
SHIPPED BY　　FROM		TO		
MARKS & NOS.	DESCRIPTIONS	QUANTITY	PRICE CPT SHANGHAI	AMOUNT ============

4）装箱单/重量单（以下表式仅为示意，具体内容实际试题中给出）。

PACKING LIST/WEIGHT MEMO

*********** CORP. JAPAN

TO： CO. LTD		INVOICE NO.： DATE：	MARKS & NOS.	
DESCRIPTION	NO. OF PACKAGE	MEASUREMENT	N/WT	G/WT
TOTAL				

（2）需要填写的单据（进口货物报关单）

中华人民共和国海关进口货物报关单

预录入编号：　　　　　　　　　　　　海关编号：

进口口岸		备案号	进口日期	申报日期
经营单位		运输方式	运输工具名称	提运单号
收货单位		贸易方式	征免性质	征税比例
许可证号	起运国（地区）		装货港	境内目的地
批准文号	成交方式	运费	保费	杂费
合同协议号	件数	包装种类	毛重（千克）	净重（千克）
集装箱号	随附单据			用途

标记唛码及备注

项号	商品编码	商品名称	规格型号	数量及单位	原产国（地区）	单价	总价	币值	征免

税费征收情况

录入员　　录入单位	兹声明以上申报无讹并承担法律责任	海关审单批注及放行日期（签章）
报关员		审单　　审价
单位地址	申报单位（签章）	征税　　统计
邮编　　电话	填制日期	查验　　放行

3. 评分表

试题代码及名称		4.1.2 进口报关操作	考核时间（min）	15
编号	评分要素	配分	评分标准	得分
1	进口报关单	10	填错一处 1 分，扣完为止	
合计配分			合计得分	

三、进口报关单制作与审核（试题代码：4.1.3；考核时间：15 min）

1. 试题单

（1）操作条件

1）计算机（装有国际货代管理系统）。

2）素材：发票、装箱单、铁路到货通知、补充资料、进口货物报关单。

（2）操作内容

根据给定素材完成以下内容：填写进口货物报关单，素材没有给出的栏目，不需填写。

（3）操作要求

1）操作过程中所有涉及的单据，应根据要求在国际货代管理系统内填写完整规范。

2）试题要求涉及的其他信息，请在系统内查询使用。

3）所有操作完成后，请仔细确认并保存有关结果。

2. 素材及相关单据

（1）素材提供的资料

1）背景资料（业务情况详细说明）。

2）铁路到货通知（以下表式仅为示意，具体内容实际试题中给出）。

铁路到货通知

致　*******　　　　　　　　　　　　　　　　　　　　　　查询编号：****

兹有贵单位下列空运进口货物已由　　　　列车　　　　于　　　　运抵上海，运单号　　　　件数　　　　重量　　　　到付运费及手续费

请带合同、发票等报关所需文件，办理海关和提货手续。

接待时间：

为了方便客户，本公司设有代理报检、代理报关和送货上门等服务项目，如委托我公司办理上述业务，请填写委托书与本公司进口部联系。

联系方式如下：

提货仓库地址：

以上货物完好无损，已提取，此据。

提货单位盖章签字：__________________

国际货运有限公司

________年____月____日

3）发票（以下表式仅为示意，具体内容实际试题中给出）。

INVOICE

******** LTD

		INVOICE NO.：		DATE：
		L/C NO.：		
		CONTRACT NO.：		
SHIPPED BY FROM		TO		
MARKS & NOS	DESCRIPTIONS	QUANTITY	PRICE CPT SHANGHAI	AMOUNT ============

4）装箱单/重量单（以下表式仅为示意，具体内容实际试题中给出）。

PACKING LIST/WEIGHT MEMO

************ CORP. JAPAN

TO： CO. LTD		INVOICE NO.： DATE：		MARKS & NOS.
DESCRIPTION	NO. OF PACKAGE	MEASUREMENT	N/WT	G/WT
TOTAL				

（2）需要填写的单据（进口货物报关单）

预录入编号：　　　　海关编号：

进口口岸	备案号	进口日期	申报日期
经营单位	运输方式	运输工具名称	提运单号
收货单位	贸易方式	征免性质	征税比例

续表

许可证号	起运国（地区）		装货港	境内目的地
批准文号	成交方式	运费	保费	杂费
合同协议号	件数	包装种类	毛重（千克）	净重（千克）
集装箱号	随附单据			用途

标记唛码及备注

项号	商品编码	商品名称	规格型号	数量及单位	原产国（地区）	单价	总价	币值	征免

税费征收情况

录入员　录入单位	兹声明以上申报无讹并承担法律	海关审单批注及放行日期（签章）
报关员	责任	审单　审价
单位地址	申报单位（签章）	征税　统计
邮编　电话	填制日期	查验　放行

3. 评分表

试题代码及名称		4.1.3 进口报关操作	考核时间（min）	15
编号	评分要素	配分	评分标准	得分
1	进口报关单	10	填错一处1分，扣完为止	
合计配分		10	合计得分	

四、出口报关单制作与审核（试题代码：4.2.1；考核时间：15 min）

1. 试题单

（1）操作条件

1）计算机（装有国际货代业务系统）。

2）素材：发票、装箱单、补充资料、出口报关单。

（2）操作内容

根据给定素材完成以下内容：根据所给的素材，按照报关单填制规范的要求，填制完整出口报关单。

（3）操作要求

1）操作过程中所有涉及的单据，应根据要求在国际货代管理系统内填写完整规范。

2）试题要求涉及的其他信息，请在系统内查询使用。

3）所有操作完成后，请仔细确认并保存有关结果。

2. 素材及相关单据

（1）素材提供的资料

1）背景资料（业务情况详细说明）。

2）发票（以下表式仅为示意，具体内容实际试题中给出）。

***********有限公司**

********************* CO.，LTD

INVOICE

TO: LTD　　　　NO. OF INVOICE:

DATE:

SHIPPED PER BY ____ from ____ to ________ Sailing on or about

L/C NO.: D/P　　　　SALES CONFIRMATION:

AWB NO.:

Description of Goods	Unit Price	Amount

3）装箱单（以下表式仅为示意，具体内容实际试题中给出）。

***********有限公司**

*********　　　　CO.，LTD

PACKING LIST

TO：　　　　NO. OF INVOICE：100059

DATE：

SHIPPED PER BY ______ 8rom ____________ to ____________

Sailing on or about _______

L/C NO.　　　　SALES CONFIRMATION：

Country of Origin：

Marks & Nos.	Number and Kind of Packages Description of Goods	Quantity	Gross Weight	Net Weight

（2）需要填制的单据

出口货物报关单（以下表式仅为示意）。

中华人民共和国海关出口货物报关单

预录入编号：　　　　海关编号：

<table>
<tr><td colspan="2">出口口岸</td><td colspan="2">备案号</td><td>出口日期</td><td>申报日期</td></tr>
<tr><td colspan="2">经营单位</td><td colspan="2">运输方式</td><td>运输工具名称</td><td>提运单号</td></tr>
<tr><td colspan="2">发货单位</td><td colspan="2">贸易方式</td><td>征免性质</td><td>结汇方式</td></tr>
<tr><td>许可证号</td><td colspan="3">运抵国（地区）</td><td>指运港</td><td>境内货源地</td></tr>
<tr><td>批准文号</td><td colspan="2">成交方式</td><td>运费</td><td>保费</td><td>杂费</td></tr>
<tr><td>合同协议号</td><td colspan="2">件数</td><td>包装种类</td><td>毛重（千克）</td><td>净重（千克）</td></tr>
<tr><td>集装箱号</td><td colspan="4">随附单据</td><td>生产厂家</td></tr>
</table>

标记唛码及备注［25］

续表

项号	商品编码	商品名称	规格型号	数量及单位	最终目的国（地区）	单价	总价	币值	征免

税费征收情况

录入员　　录入单位	兹声明以上申报无讹并承担法律责任	海关审单批注及放行日期（签章）
报关员		审单　　　审价
单位地址	申报单位（签章）	征税　　　统计
邮编　　　电话	填制日期	查验　　　放行

3. 评分表

试题代码及名称		4.2.1 进口报关操作		考核时间（min）	15
编号	评分要素	配分	分值	评分标准	得分
1	出口报关单	10	10	填制错误一处扣 1 分，扣完为止	
合计配分		10	合计得分		

五、出口报关单制作与审核（试题代码：4.2.2；考核时间：15 min）

1. 试题单

（1）操作条件

1）计算机（装有国际货代业务系统）。

2）素材：发票、装箱单、装货单、背景资料、出口报关单。

（2）操作内容

根据给定素材完成以下内容：根据所给的素材，按照报关单填制规范的要求，填制完整出口报关单。

（3）操作要求

1）操作过程中所有涉及的单据，应根据要求在国际货代管理系统内填写完整规范。

2）试题要求涉及的其他信息，请在系统内查询使用。

3）所有操作完成后，请仔细确认并保存有关结果。

2. 素材及相关单据

（1）素材提供的资料

1）背景资料（业务情况详细说明）。

2）发票（以下表式仅为示意，具体内容实际试题中给出）。

*********有限公司

********************* CO.，LTD

INVOICE

Contract No.：　　　　　　　　　　　Invoice No.：

Credit No.：35487　　　　　　　　　　Date：

Shipped by　　　　from　　　　to

Sailing on or about

Description of Goods	Unit Price	Amount

3）装箱单（以下表式仅为示意，具体内容实际试题中给出）。

*********有限公司

*********　　　　CO.，LTD

PACKING LIST

TO：　　　　　　　　　　　　NO. OF INVOICE：100059

DATE：

SHIPPED PER BY ________ 8rom ________ to ________

Sailing on or about ____________

L/C NO.　　　　　　　　　　　　SALES CONFIRMATION：

Country of Origin：

续表

Marks & Nos.	Number and Kind of Packages Description of Goods	Quantity	Gross Weight	Net Weight

4）装货单（以下表式仅为示意，具体内容实际试题中给出）。

<table>
<tr><td colspan="2">Shipper：</td><td colspan="3" rowspan="3">VGE：
B/L NO：
SHIPPING ORDER
CMA
COMPAGIE MARITIMED D'AFFRETEMENT
Societe Anonyme au Capital de 30 000 000 def
France 4quaid'Arenc. 13002 Marseille</td></tr>
<tr><td colspan="2">Consignee：</td></tr>
<tr><td colspan="2">Notify Party：</td></tr>
<tr><td>Pre-carriage by</td><td>Vessel：</td><td colspan="2">Port of Loading</td><td>Port of Transshipment：</td></tr>
<tr><td>Place of Receipt</td><td>Port of Discharge：</td><td colspan="2">Place of Delivery：</td><td>No. of original</td></tr>
<tr><td>Marks and Nos. and
Container No. ：</td><td colspan="2">Kind of Package，
Description of Goods</td><td>Gross Weight
13797KGS</td><td>Measurement
87. 920CBM</td></tr>
<tr><td colspan="5">Total number of containers or packages（in words）
SAY ONE THOUSAND FIVE HUNDRED THIRTY THREE CARTONS ONLY
ABOVE PARTICULARS DECLARED BY SHIPPER CARRIER NOT RESPONSIBLE</td></tr>
</table>

（2）需要填制的单据

1）出口货物报关单（以下表式仅为示意）。

中华人民共和国海关出口货物报关单

预录入编号： 海关编号：

<table>
<tr><td colspan="2">出口口岸</td><td colspan="2">备案号</td><td>出口日期</td><td>申报日期</td></tr>
<tr><td colspan="2">经营单位</td><td colspan="2">运输方式</td><td>运输工具名称</td><td>提运单号</td></tr>
<tr><td colspan="2">发货单位</td><td colspan="2">贸易方式</td><td>征免性质</td><td>结汇方式</td></tr>
<tr><td>许可证号</td><td colspan="3">运抵国（地区）</td><td>指运港</td><td>境内货源地</td></tr>
<tr><td>批准文号</td><td colspan="2">成交方式</td><td>运费</td><td>保费</td><td>杂费</td></tr>
<tr><td>合同协议号</td><td colspan="2">件数</td><td>包装种类</td><td>毛重（千克）</td><td>净重（千克）</td></tr>
</table>

续表

集装箱号	随附单据	生产厂家
标记唛码及备注 [25]		

项号	商品编码	商品名称、规格型号	数量及单位	最终目的国（地区）	单价	总价	币值	征免

税费征收情况

录入员　　录入单位	兹声明以上申报无讹并承担法律责任	海关审单批注及放行日期（签章）
报关员		审单　　审价
单位地址	申报单位（签章）	征税　　统计
邮编　　电话	填制日期	查验　　放行

3. 评分表

试题代码及名称		4.2.2 进口报关操作	考核时间（min）	15
编号	评分要素	配分	评分标准	得分
1	出口报关单	10	填错一处 1 分，扣完为止	
合计配分		10	合计得分	

第 5 部分

理论知识考试模拟试卷及答案

物流师（国际货代）（三级）理论知识试卷

注 意 事 项

1. 考试时间：90 min。
2. 请首先按要求在试卷的标封处填写您的姓名、准考证号和所在单位的名称。
3. 请仔细阅读各种题目的回答要求，在规定的位置填写您的答案。
4. 不要在试卷上乱写乱画，不要在标封区填写无关的内容。

	一	二	总分
得分			

得分	
评分人	

一、判断题（第 1 题～第 40 题。将判断结果填入括号中。正确的填“√”，错误的填“×”。每题 0.5 分，满分 20 分）

1. 委托代理的法律后果直接归属于被代理人。（ ）

2. 受托人处理委托事务时，因不可归责于自己的事由受到损失的，可以向委托人要求赔偿损失。（ ）

3. 为了防止或减少国际货运代理责任风险，国际货运代理在征得承包责任险的保险公司同意后，只要可能，应尽量与货主谈判，友好地进行和解。（　　）

4. 危险品货物运输，使用的货物包装与标记和普通货物通常是不同的。（　　）

5. 我国的法定计量单位是国际单位制。（　　）

6. 采用C组术语成交时，卖方要负责订立运输合同，但不负责货物从交货地点至目的地的风险。（　　）

7. 某出口商使用CFR Liner Terms条件成交，则其必须使用班轮运输。（　　）

8. FOB仅适用水上运输，而FCA适用于任何运输方式。（　　）

9. 在EXW术语后要注明产地名称，如工厂或仓库所在地名称。（　　）

10. 汇票是出票人指定付款人支付给收款人的无条件支付承诺书。（　　）

11. 本票与汇票的一个主要区别在于基本当事人不同。汇票只有两个当事人，而本票有三个当事人。（　　）

12. 托收属于商业信用。（　　）

13. 信用证的类型在买卖双方签订的贸易合同中有明确规定。（　　）

14. 依《海牙规则》的规定，承运人的管货义务适用的是严格责任，即只要是承运人违反管货义务就应该承担赔偿责任。（　　）

15. 我国《海商法》规定，因运输活动物的固有的特殊风险造成活动物灭失或者损害的，承运人不负赔偿责任。（　　）

16. The CFR term requires the importer to book shipping space.（　　）

17. A bill of lading has three major functions：a receipt for goods shipped on Board；a contract of carriage；a document of title to the goods.（　　）

18. 班轮运输承运人和货主之间在货物装船以前通常不书面签订具有详细条款的运输合同。（　　）

19. 假设某货物CIF价格为101美元，AD. val为1%，则该货物的运价为0.99美元。（　　）

20. 远东—欧地航线，习惯上称为泛大西洋航线。（　　）

21. ZIM Isreal Navigation Company是三井商船公司。（　　）

22. 笨重货物可选择开顶集装箱、框架集装箱、平台集装箱。（ ）

23. 揽货是船公司使自己所经营的船舶在载重量和载货舱容两方面均能得到充分利用，从货主那里争取货源的行为。（ ）

24. 选择卸货港提取整箱货，收货人在办理提货手续时，需要交出全套正本提单。（ ）

25. FCL，货运代理人负责货物的装箱和缮制装箱单。（ ）

26. 拼箱货企业需具备签发 house－B/L 的条件。（ ）

27. 在 CIF 贸易术语下，提单的通知方一定是买方。（ ）

28. 在跟单信用证的支付方式下，银行接受已装船提单。（ ）

29. 提单的空白背书，是指在提单背面不作任何背书。（ ）

30. 托运人必须保证其所提供的货物与提单上的记载相吻合。（ ）

31. 在 CIF 贸易术语下，海运单的托运人是卖方。（ ）

32. 收货人在目的地收到货物后，打开集装箱发现箱内货物受损，且数量少于提单所记载的数量。依据我国《海商法》规定，收货人应当在集装箱货物交付的次日起 3 日内向承运人提交索赔通知。（ ）

33. 根据我国有关法规的规定，海运出口危险货物的包装容器，应由经检验机构批准的生产厂家按《国际海运危险货物规则》的要求组织生产，并由检验机构出具《海运出口危险货物包装容器性能鉴定证书》。（ ）

34. 假如托运人在航空运输时，要求冷藏运输，航空公司通常用专用冷却液冷藏。（ ）

35. 航次租船中，FILO 术语表示船舶承租人负责货物装船费用，但不负责卸货费用。（ ）

36. 我国公司以 CIF 条件签订出口合同，应替国外客户投保，按照“incoterms”规定应投保一切险。（ ）

37. 货主的故意行为或过失造成的损失不在基本险的承保范围内。（ ）

38. 由于飞机结构的限制，飞机制造商规定了每一货舱可装载货物的最大重量限额。（ ）

39. 飞行区等级的数字表示飞机的尺寸所要求的跑道和滑行道的宽度，因此飞行区等级直接与机场跑道长度宽度等同。（　　）

40. 根据国际航协规定，航空公司只能使用两字代码。（　　）

二、单项选择题（第1题～第120题。选择一个正确的答案，将相应的字母填入题内的括号中。每题0.5分，满分60分）

1. 2001年中国国家标准对物流定义提及（　　）。

A. 原材料、在制品和产品的流动与储存

B. 运输和储存的相关信息

C. 创造时间性、场所性价值的经济活动

D. 将基本功能实现有机结合

2. 基于被代理人的授权而产生的代理，称为（　　）。

A. 委托代理　　B. 法定代理　　C. 指定代理　　D. 复代理

3. 受托人（　　）亲自处理委托事务。

A. 应当　　B. 可以

C. 可以自己决定是否　　D. 无须

4. 受托人超越权限给委托人造成损失的，（　　）赔偿损失。

A. 应当　　B. 可以

C. 可以自己决定是否　　D. 无须

5. 国际货运代理协会联合会是一个（　　）。

A. 非营利性的行业组织　　B. 营利性的行业组织

C. 非营利性的国家组织　　D. 非营利性的联合国下属组织

6. 货运代理人签发自己的提单时，应认定为（　　）。

A. 委托人　　B. 代理人　　C. 承运人　　D. 交货人

7. （　　）属于防止或减少国际货运代理责任风险的补偿性措施。

A. 规范单证使用　　B. 采用标准交易条件

C. 及时索赔理赔　　D. 及时通知与事故有关的各方当事人

8. （　　）是适合空运的货物。

A. 成套工程设备　　B. 大批量货物

C. 货物价值高交货时间紧的货物　　D. 以上各项都不对

9. 下列货物中通常采用集装箱运输的是（　　）。

A. 进口的大批量原木材　　B. 出口的钢结构

C. 进口的智利鱼粉　　D. 出口的纸箱装日用品

10. 易燃固体是（　　）。

A. 4.1类　　B. 4.2类　　C. 4.3类　　D. 以上各项都不对

11. 运输油漆或涂料，通常采用（　　）。

A. 纸箱　　B. 木箱　　C. 桶装　　D. 托盘

12. 货物的量尺体积取（　　）。

A. 货物外形平均长、宽、高的乘积　　B. 货物外形最大处长、宽、高的乘积

C. 货物外形最小处长、宽、高的乘积　　D. 以上各项都不对

13. 货物的积载因素是（　　）。

A. 每一立方米货物在正常堆装时实际的重量

B. 货物的重量

C. 单位是立方米/吨

D. 反映货物的大小

14. 下列有关《美国对外贸易定义修正本》对FOB术语的解释不正确的是（　　）。

A. FOB适用于任何一种运输工具上交货

B. 如果要使FOB适用于海上运输，则应在FOB后加缀Vessel字样，并列明装运港船上交货

C. 买卖双方风险划分以装运港船舷为界

D. 卖方协助买方办理出口清关手续，费用由买方承担

15. 根据《2010年国际贸易术语解释通则》的规定，采用FOB术语成交，货物在海运途中损坏灭失的风险（　　）。

A. 均由卖方承担　　B. 均由买方承担　　C. 承运人承担　　D. 货代承担

16. 甲公司按FOB从国外进口大豆，采用程租船运输。如果甲公司不愿意负担装船费

用，应在合同中规定使用的贸易术语是（　　）。

A. FOB TRIMMED STOWED　　B. FOB VESSEL

C. FOB UNDERTACKLE　　D. FOB LINER TRAMS

17. CFR Liner Terms 即 CFR 班轮条款，是（　　）。

A. 买方不负担卸货费　　B. 卖方不负担卸货费

C. 买方不负担装货费　　D. 卖方不负担装货费

18. CIF 与 CIF LANDED 的主要区别在于，卖方除了都要承担货物到达目的港的正常运费外，CIF LANDED 条件下，卖方还要承担（　　）。

A. 装船费　　B. 卸货费　　C. 平舱费　　D. 理舱费

19. 按照《2010 年国际贸易术语解释通则》，买卖双方费用划分与风险划分界限相分离的贸易术语是（　　）。

A. CIP　　B. FCA　　C. CFR　　D. CPT

20. CPT 与 FCA 相比较，卖方的义务多了（　　）。

A. 出口清关　　B. 保险费　　C. 签订运输合同　　D. 进口清关

21. 按 CIP 条件成交，买方的义务通常包括（　　）。

A. 出口清关　　B. 运费　　C. 保费　　D. 接收单据

22. EXW 术语适用于（　　）。

A. 水上运输　　B. 陆路运输　　C. 航空运输　　D. 以上各项都对

23. 下列贸易术语中，仅适用于水上运输方式的是（　　）。

A. CIP　　B. EXW　　C. DEQ　　D. DDP

24. 就出口方承担的风险而言（　　）。

A. FOB＞CFR＞CIF　　B. FOB＞CIF＞CFR

C. CIF＞CFR＞FOB　　D. CIF＝FOB＝CFR

25. 汇票的主债务人为（　　）。

A. 付款人　　B. 出票人　　C. 收款人　　D. 被背书人

26. 承兑是（　　）对远期汇票表示承担到期付款责任的行为。

A. 付款人　　B. 收款人　　C. 出口商　　D. 议付行

27. 出票人签发支票时，应在付款银行存有不低于票面金额的资金。如果存款低于票面金额，这种支票被称为（　）。

A. 空头支票　B. 划线支票　C. 现金支票　D. 转账支票

28. 支票和汇票的区别之一是用途不同，支票可以作为（　）。

A. 结算工具　B. 押汇工具　C. 信贷工具　D. 记账工具

29. 汇付方式中（　）的业务程序基本一致。

A. 电汇和票汇　B. 电汇和信汇　C. 票汇和信汇　D. 本票和信汇

30. 要办理托收，（　）中首先要明确规定以托收方式支付货款。

A. 国际货物买卖　B. 国际货物买卖协议

C. 国际货物买卖合同　D. 信用证

31. 信用证是确定（　）之间契约关系的文件。

A. 开证申请人和受益人

B. 开证申请人、开证行和开证行、受益人

C. 开证申请人和开证行

D. 开证行和受益人

32. 信用证是依据买卖合同订立的，卖方要保证安全收汇，其所提供的单据必须做到（　）。

A. 与买卖合同的规定相符

B. 与所交货物相符

C. 在信用证与买卖合同不一致时，应以买卖合同的规定为主，适当参照信用证的有关规定

D. 与信用证的规定相符

33. L/C 与托收相结合的支付方式，其全套货运单据应（　）。

A. 随信用证项下的汇票

B. 随托收项下的汇票

C. 50％随信用证项下，50％随托收项下

D. 单据与票据分列在信用证和托收汇票项下

34.《海牙规则》的适航义务要求承运人（ ）。

A. 保证船舶适航 B. 适当谨慎使船舶适航

C. 用适航证书证明船舶适航 D. 保养好船舶以便适航

35.《海牙规则》规定，在将货物移交给根据运输合同有权收货的人时，如果灭失或损坏不明显，则收货人的有关货物灭失或损害通知应于交付货物之日起的（ ）天内提交。

A. 3 B. 5 C. 7 D. 15

36.《汉堡规则》规定的承运人责任期间是（ ）。

A.“钩至钩” B.“舷至舷” C.“港到港” D.“门对门”

37. 我国《海商法》规定承运人在舱面上装载货物，应该负责的是（ ）。

A. 同托运人达成协议 B. 符合航运惯例

C. 符合有关法律、行政法规的规定 D. 履行了事后通知承运人的义务

38. 依《华沙公约》规定，如果承运人按照托运人的指示处理货物，而没有要求托运人出示他所持的航空货运单，航空货运单合法持有人遭受的损失（ ）。

A. 由托运人承担

B. 由承运人负责

C. 托运人和承运人共同负责

D. 承运人负主要责任，托运人负连带责任

39. 我国《民用航空法》规定，对托运行李或者货物的赔偿责任限额，每千克为（ ）SDR计算单位。

A. 10 B. 17 C. 20 D. 30

40. （ ） means that the seller delivers the goods, cleared for export, to the carrier nominated by the buyer at the named place of shipment.

A. FOB B. CFR C. CIF D. FCA

41. Commercial invoice is usually called （ ） for short.

A. the invoice B. the packing list

C. the weight memo D. the certificate of origin

42. （ ） state definitely that the goods have been loaded on the vessel.

A. order bills of lading　　B. shipped bills of lading

C. straight bills of lading　　D. direct bills of lading

43. 舱单又称载货清单，其英文是（　　）。

A. freight manifest　　B. manifest

C. loading list　　D. bill of lading

44. 下列选项中，（　　）不属于班轮运输的特点。

A. 班轮公司负责装卸　　B. 班轮公司不负责装卸

C. 承运人和货主之间不计滞期费　　D. 承运人和货主之间不计速遣费

45. 集装箱班轮运输市场属于（　　）。

A. 完全竞争市场　B. 寡头垄断市场　C. 完全垄断市场　D. 垄断竞争市场

46. 用班轮运输货物，在规定运费计收标准时，如果采用“M”，则表示（　　）。

A. 按货物的实际重量计收　　B. 按货物的体积计收

C. 按商品价格计收　　D. 按毛重计收

47. 班轮运输下，FOB 术语的运费支付方式是（　　）。

A. 预付运费　B. 到付运费　C. 第三地支付　D. 比例运费

48. 塔科马［TACOMA］是（　　）的一条集装箱货物运输航线上的港口。

A. 泛太平洋航线　B. 澳新航线　C. 跨大西洋航线　D. 亚洲航线

49. 安特卫普港是（　　）的一条集装箱货物运输航线上的港口。

A. 泛太平洋航线　B. 澳新航线　C. 跨大西洋航线　D. 欧地线

50. 集装箱货物在装卸过程中采用（　　）机械。

A. 集卡　B. 叉车　C. 装卸桥　D. 卡车

51. NYK line 是（　　）。

A. 川崎汽船　B. 三井商船　C. 万海航运　D. 日本邮船

52. 南美智利航运公司的英文缩写是（　　）。

A. WANHAI　B. PIL　C. MARUBA　D. CCNI

53. 集装箱的长、宽、高的外部尺寸分别是：40 英尺、8 英尺、9.6 英尺，这种集装箱是（　　）。

A. 1A B. 1AAA C. 1C D. 1B

54. （ ）是集装箱租赁公司与租箱人之间签订协议，在规定的租期内租箱人租用集装箱的数量除须保持最低的限额外，可根据租箱人的实际需要随时增减的租箱方式。

A. 定期租赁 B. 程租租赁 C. 活期租赁 D. 融资租赁

55. 门到门的集装箱运输最适合于（ ）交接方式。

A. 整箱交，整箱接 B. 整箱交，拆箱接

C. 拼箱交，拆箱接 D. 拼箱交，整箱接

56. （ ）不是货运代理委托书包括的内容。

A. 发票需记载的内容 B. 托运货物内容

C. 装运事项 D. 提单需记载事项

57. 订舱一般要提前（ ）。

A. 7 天到 10 天 B. 3 个月 C. 1 年 D. 1 天

58. 承运人接受货物订舱可视为（ ）。

A. 要约 B. 承诺 C. 发盘 D. 还盘

59. 选择卸货港提取整箱货时，收货人在办理提货手续时，需要交出（ ）。

A. 全套正本提单 B. 一份正本提单 C. 副本提单 D. 海运单

60. 在国际海上货物运输中，（ ）不是场站收据的作用。

A. 出口货物报关的凭证之一

B. 承运人已收到托运货物并开始对其负责任的证明

C. 换取海运提单或联运提单的凭证

D. 列明集装箱内所装货物的清单

61. 集装箱设备交接单的进场目的/状态一栏，如重箱进区，以下正确记载的是（ ）。

A. 目的是“装船”，状态是“重箱” B. 目的是“装箱”，状态是“重箱”

C. 目的是“装箱”，状态是“空箱” D. 目的是“卸船”，状态是“空箱”

62. 到货通知书由（ ）发给收货人。

A. 发货人 B. 船公司或船代 C. 货运代理人 D. 海关

63. 船舶办理报关手续时必须提交（　　）。

A. 大副收据　B. 提单　C. 载货清单　D. 装货清单

64. 拼箱货企业对于卖方而言，是（　　）。

A. 托运人　B. 契约承运人　C. 实际承运人　D. 船舶代理人

65. 货运站在交接拼箱货时，需要确定货物的交接状况，正确的选项是（　　）。

A. 查看集装箱外表状况是否良好　B. 查看集装箱的关封是否良好

C. 查看货物交接的实际状况　D. 查看托运单关于货物的描述

66. 在 CIF 贸易术语下，按照我国《海商法》的规定，提单的收货人是（　　）。

A. 卖方　B. 买方

C. 看具体情况而定　D. 海关

67. 集装箱班轮公司提单的签发日期与货物装船完毕日期相比（　　）。

A. 一样　B. 早　C. 晚　D. 没有关系

68. 在集拼箱操作下，对于提供 LCL 的发货人，无船承运人签发（　　）提单。

A. 班轮公司　B. 无船承运人　C. 直达　D. 联运

69.（　　）不是收货待运提单上记载的内容。

A. 明确的装船日期　B. 托运人

C. 收货人　D. 货物品名

70. 在采用信用证结汇的情况下，银行将拒绝（　　）的办理结汇。

A. 清洁提单　B. 不清洁提单　C. 已装船提单　D. 收货待运提单

71.（　　）不可以转让。

A. 记名提单　B. 指示提单

C. 不记名提单　D. transferable L/C

72. 货物装船完毕时间超过信用证规定的装运期，托运人要求承运人签发装船日期早于实际装船完毕的日期，（　　）说法正确。

A. 托运人签保函时，承运人可签倒签提单

B. 收货人签保函时，承运人可签倒签提单

C. 承运人应尽力满足托运人的要求，可签倒签提单

D. 不可签倒签提单

73. 过期提单是（　　）。

A. 取得提单后未能及时到银行议付的提单

B. 货物尚未装船或货物尚未装船完毕时，承运人提前签发的已装船提单

C. 货物已装船完毕，提单上记载的签发日期早于货物实际装船完毕日期

D. 提单签发日期过了信用证结汇期的提单

74. 提单中的通知方通常是（　）。

A. 发货人代理　　B. 收货人代理或收货人

C. 提单持有人　　D. 货运代理人

75. House—B/L 的提单签发人是（　　）。

A. NVOCC　　B. 载货船船长　　C. 港口　　D. 班轮公司

76. 海运单操作流程下，收货人凭（　　）换取提货单提货。

A. 正本海运单

B. 有效身份证件证明他是海运单上记载的收货人

C. 副本海运单

D. 交货记录单

77. 在 CIF 贸易术语下，海运单的通知方是（　　）。

A. 卖方　　B. 收货人或者收货人指定的代理人

C. 船公司　　D. 海关

78. 件杂货运输承运人对货物的责任期限是（　　）。

A. 接货—交货　　B. 装船—卸船　　C. 门—门　　D. 场—场

79. 收货人在目的地收到货物后，打开集装箱发现箱内货物受损，且数量少于提单所记载的数量。依据我国《海商法》规定，收货人应当在集装箱货物交付的次日起（　　）内向承运人提交索赔通知。

A. 7 日　　B. 15 日　　C. 21 日　　D. 1 个月

80. 隐藏损害一旦发生，下列有关赔偿的说法正确的是（　　）。

A. 船公司赔偿

B. 如果托运人能够证明货物装箱时，状况良好，托运人不赔

C. 海关赔偿

D. 谁装箱，谁负责赔偿

81.《国际海运危险货物规则》（IMDG Code）是由（ ）制定的。

A. 国际海事组织 B. 国际航空运输协会

C. 国际货运代理协会联合会 D. 联合国经济委员会

82. 在我国，拟对交付船舶运输的危险货物，托运人在办理危险货物申报时需要递交的单证通常不包括（ ）。

A. 危险货物安全适运申报单

B. 集装箱装运危险货物装箱证明书

C. 海运危险货物包装容器性能检验结果单

D. 危险货物舱单

83. 冷藏集装箱所装载的货物可分为（ ）和冷冻货物两种。

A. 冰冻货物 B. 保鲜货物 C. 常温货物 D. 冷藏货物

84.（ ）不属于定期租船合同下承租人支付的项目。

A. 港口使费 B. 装卸费 C. 船员给养 D. 燃料费

85. 包运租船由（ ）指定船长、船员。

A. 船东 B. 租船人 C. 货运代理人 D. 无船承运人

86. 速遣费由（ ）支付。

A. 租船人 B. 船东 C. 货运代理人 D. 船务代理

87. 受载期是船舶在租船合同规定的日期内到达约定的装货港，并做好装货准备的期限。如果航次租船合同规定受载期为 11 月 1 日至 11 月 5 日，船舶可以在（ ）抵达约定的装货港，并做好准备。

A. 10 月 30 日 B. 11 月 3 日 C. 11 月 6 日 D. 11 月 7 日

88.（ ）属于自然灾害引起的风险。

A. 偷窃 B. 罢工 C. 地震 D. 触礁

89. 在海洋运输货物保险业务中，涉及单方面利益的损失，达到全部损失程度时，

( )。

A. 按单独海损处理　　B. 按全损处理

C. 按部分损失处理　　D. 按共同海损处理

90. 按照《中国人民保险公司海洋货物运输保险条款》的规定，在三种基本险别中，按保险公司承保的责任范围从大到小顺序是（　　）。

A. 平安险—一切险—水渍险　　B. 平安险—水渍险—一切险

C. 一切险—水渍险—平安险　　D. 水渍险—平安险—一切险

91. 我国海运保险中的“一切险”承保（　　）。

A. 货物损失的一切风险

B. 平安险和 11 种一般附加险所承保的风险

C. 除战争以外的一切货物损失风险

D. 水渍险和 11 种一般附加险所承保的风险

92. 仓至仓条款是（　　）。

A. 运输公司的责任起讫条款　　B. 仓储公司的责任起讫条款

C. 保险公司的责任起讫条款　　D. 货代公司的责任起讫条款

93. （　　）是一种比保险凭证更简化的保险单证。

A. 保险凭证　　B. 保险单　　C. 预约保险单　　D. 联合凭证

94. 有关民用航空运输飞机运输限制条件说法正确的是（　　）。

A. 虽然飞机制造商规定了每一货舱可装载货物的最大重量限额，但在实际操作中，所装载的货物重量都可以在此限额的 10%范围内适度超载

B. 飞机一般不容许将轻泡货物和高密度货物混装运输

C. 由于货物只能通过舱门装入货舱内，货物的尺寸必然会受到舱门的限制

D. 装载货物时可以适度超过地板承受力的限额

95. 包机人至少应提前（　　）日向航空公司提出书面包机申请。

A. 10　　B. 20　　C. 30　　D. 40

96. 我国民航华北地区管理局管辖的地区不包括（　　）。

A. 天津市　　B. 北京市　　C. 河北省　　D. 辽宁省

97. 从世界范围来看，为了充分利用太阳照明，无论大国或小国，其标准经度都可以从适中经度向（　　）偏离。

A. 东　B. 西　C. 南　D. 北

98. NYC是（　　）。

A. 纽约　B. 芝加哥　C. 东京　D. 大阪

99. 上海航空公司的代码为（　　）。

A. FM　B. SH　C. CH　D. MU

100. 在航空运输业务中，常见的缩写代码SLI表示（　　）。

A. 货物单　B. 托运书　C. 分运单　D. 主运单

101. 国际航协规定，国际货物的计费重量以（　　）千克为最小单位。

A. 0.1　B. 0.5　C. 1　D. 1.5

102. 货物按其适用的航空运价与其计费重量计算所得的航空运费，与货物最低运费相比，（　　）计收。

A. 取高者　B. 取低者　C. 取平均值　D. 取二者之和

103. （　　）是航空运输中的日本国家代码。

A. RB　B. JP　C. JN　D. SB

104. 航空货物直接运输中，货物是由（　　）交给承运人的。

A. 发货人　B. 托运人

C. 承运人的代理人　D. 托运人的代理人

105. 国际航空运输中，如果发生货损货差，根据《华沙公约》，最高赔偿额为每千克（　　）。

A. 100金法郎　B. 150金法郎　C. 200金法郎　D. 250金法郎

106. 航空危险品运输中，托运人必须填写一式（　　）份的危险品申报单。

A. 两　B. 三　C. 四　D. 五

107. 鲜活易腐货物是指在（　　）条件下易于死亡或变质腐烂的货物。

A. 一般运输　B. 采取保温　C. 冷藏　D. 保温

108. 空运鲜活易腐货物，带土的树种或植物苗等应用（　　）包装，以免土粒、草屑等杂物堵塞飞机空气调节系统。

A. 麻袋　　B. 草包　　C. 草绳　　D. 塑料袋

109.（　）不是构成国际多式联运的基本条件。

A. 具有一份多式联运合同

B. 多次托运、多次收费

C. 国际间且至少由两种不同运输方式组成的连续运输

D. 使用一份全程多式联运单，多式联运经营人对货物运输全程负责

110. 在公铁联运中，所涉及的运输方式有（　）。

A. 公路、铁路　　B. 铁路、水路　　C. 水路、公路　　D. 航空、公路

111. 海空联运方式始于 20 世纪（　）年代。

A. 70　　B. 50　　C. 60　　D. 80

112. 必须经过背书才能转让的提单是（　）。

A. 记名提单　　B. 不记名提单　　C. 指示提单　　D. 联运提单

113. 在国际多式联运提单的缮制过程中，收货人栏需要填写指定公司或企业名称的是（　）。

A. 海运提单　　B. 不记名式提单　　C. 指示式提单　　D. 记名式提单

114.（　）是指集装箱进出港区、场站时，用箱人、运箱人与管箱人或其代理人之间交接集装箱及其他机械设备的凭证，并兼有管箱人发放集装箱的凭证的功能。

A. 交货记录　　B. 提货单　　C. 设备交接单　　D. 场站收据

115. 海空联运又被称为（　）。

A. 空桥运输　　B. 大陆桥运输　　C. 微桥运输　　D. 小路桥运输

116. 陆桥运输是（　）国际多式联运的主要形式。

A. 欧洲/北非　　B. 北美/欧洲　　C. 远东/欧洲　　D. 远东/北美

117. 新亚欧大陆桥运输的起讫点为（　）。

A. 连云港/阿姆斯特丹　　B. 连云港/鹿特丹

C. 大连/伦敦　　D. 阿拉山口/利物浦

118. 国际多式联运经营人是（　）。

A. 发货人的代理人　　B. 承运人的代理人

C. 具有独立法人资格的经济实体　　D. 实际运输人

119. 无船承运人签发（　　）。

A. 船公司 B/L　　B. SBL

C. 自己的 HBL　　D. 其他公司的 HBL

120. 作为无船承运人的国际货运代理，是（　　）之间特殊类型的中间人。

A. 托运人和收货人　　B. 托运人和实际承运人

C. 船公司和承运人　　D. 收货人和实际承运人

得分	
评分人	

三、多项选择题（第 1 题～第 20 题。选择一个以上正确的答案，将相应的字母填入题内的括号中。每题 1 分，满分 20 分）

1. 以下对物流定义的阐述正确的有（　　）。

A. 日本的定义指出物流包括包装、装卸、保管、库存管理、流通加工、运输、配送等诸种活动

B. 美国物流协会的定义指出以满足客户需求为目的

C. 中国国家标准对物流定义指出：对原材料、在制品和产品的运输与储存及从源头到消费的相关信息

D. 中国对物流的定义中指出：根据实际需要，将运输、储存、装卸、搬运、包装、流通加工、配送、信息处理等基本功能实施有机结合

E.《物流术语》中对物流的定义是为货品及其信息流动提供相关服务的过程

2. 国际货运代理所承担的责任风险主要产生于（　　）。

A. 国际货运代理本身的过失　　B. 分包人的过失

C. 保险责任不合理　　D. 第三人的侵权损害

E. 不可抗力的意外事故

3. 以下是贸易术语的作用的是（　　）。

A. 简化交易磋商和买卖合同的内容　　B. 有利于交易的达成

C. 节省交易磋商的时间　　　　　　　D. 节省交易磋商的时间费用

E. 有利于交易的发展

4. 我外贸公司出口时，采用 CPT HANGZHOU 和采用 CFR SHANGHAI 相比较，下列表述正确的是（　　）。

A. 风险界点后移　　B. 风险界点前移　　C. 费用增加　　D. 收款时间推迟

E. 费用减少

5. 本票和汇票的区别在于（　　）。

A. 前者的当事人有三个，后者则只有两个

B. 前者无须承兑，后者的远期通常要经过承兑

C. 前者的主债务人不会变化，后者则会因为承兑而发生变化

D. 前者只有即期，后者有即期、远期之分

E. 前者是无条件的支付承诺，后者是无条件的支付命令

6. 在选择国际贸易结算方式时应考虑的因素包括（　　）。

A. 客户信用　　B. 经营意图　　C. 贸易术语　　D. 运输单据

E. 运输工具

7. The correct full names of the trade terms are（　　）.

A. FOB：free on board [named port of shipment]

B. CPT：carriage paid to [named place of destination]

C. CIF：cost，freight and insurance [named port of destination]

D. FCA：free carriage [named place]

E. CFR：cost and freight [named place]

8. 班轮运费的计算方法有：（　　）。

A. 基本运费＋附加费　　　　　　B. 集装箱数×包箱费率

C. 基本运费×［1＋附加费率］　　　D. FOB 价×从价费率

E. CIF 价×从价费率

9. 集装箱必须有相应的标志，以便海关或其他有关方面对它进行监督管理，这些标志主要包括（　　）。

A. 箱主代码、顺序号、核对数

B. 国籍代号、尺寸代号和类型代号

C. 最大总重和自重

D. CSC 安全合格牌照、TIR 批准牌照、ISO 检验合格徽

E. ISO 检验合格徽

10. 场站收据联单中的正本联是（　　）。

A. 场站收据正本联　　B. 场站收据大副联

C. 货主留底联　　D. 装货单联

E. 场站收据黄联

11. 在 FOB 贸易术语下，按照我国《海商法》的规定，提单的托运人可以是（　　）。

A. 买方　　B. 卖方

C. 船公司　　D. L/C 开证申请人

E. L/C 受益人

12. 承运人签发倒签提单，一旦货物引起损坏，承运人（　　）。

A. 负责赔偿　　B. 丧失享受责任限制

C. 丧失援用免责条款的权利　　D. 不负责赔偿

E. 享受责任限制

13. 收货人在目的地收到货物后，打开集装箱发现箱内货物受损，且数量少于提单所记载的数量。依据我国《海商法》规定，收货人应当在（　　）起 15 日内向承运人提交索赔通知。

A. 集装箱货物交付的次日　　B. 集装箱货物交付的当天

C. 船舶到达的次日　　D. 船舶到达的当天

E. 收到集装箱货物的第二天

14. （　　）属于光船租船的特点。

A. 船舶出租人负责配备船员　　B. 承租人负责船舶的营运调度

C. 是一种分期购买船舶的方法　　D. 船舶出租人负责船舶的营运调度

E. 船舶出租人负担船舶营运的费用

15. 根据 PICC 的《海洋运输货物保险条款》的规定，下列（　　）是保险公司对基本险的除外责任。

A. 被保险人的故意行为或过失所造成的损失

B. 属于发货人的责任所引起的损失

C. 在保险责任开始前，被保险货物已经存在的品质不良或数量短差所造成的损失

D. 被保险货物的自然损耗、本质特性、缺陷所引起的损失或费用

E. 被保险货物的市价跌落、运输迟延所引起的损失或费用

16. 以下代码中，由三个英文字母组成的三字代码有（　　）。

A. 国家代码　　B. 城市代码　　C. 机场代码　　D. 航空公司代码

E. 操作代码

17. 根据《蒙特利尔四号议定书》的规定，承运人免责的情形有（　　）。

A. 货物的属性或本身的缺陷所引发的损失

B. 承运人或其受雇人以外的人包装不善

C. 战争行为或武装冲突

D. 政府有关部门实施的与货物入境、出境和过境有关的行为

E. 承运人或其代理人在管货中的疏忽或过失

18. 陆空联运是（　　）的联合运输方式。

A. 火车　　B. 飞机　　C. 卡车　　D. 轮船

E. 飞机与轮船

19. 对我国影响比较大的两条大陆桥是（　　）。

A. 北美大陆桥　　B. 西伯利亚大陆桥

C. OCP　　D. 亚欧大陆桥

E. 新亚欧大陆桥

20. 出料加工货物在出境时，应当向海关提交（　　）。

A. 出口货物报关单　　B. 出口许可证

C. 《登记手册》　　D. 货物运输单据

E. 以上各项都正确

物流师（国际货代）（三级）理论知识试卷答案

一、判断题（第 1 题～第 40 题。将判断结果填入括号中。正确的填“√”，错误的填“×”。每题 0.5 分，满分 20 分）

1. √ 2. √ 3. √ 4. √ 5. √ 6. √ 7. × 8. √ 9. √
10. × 11. × 12. √ 13. √ 14. × 15. √ 16. × 17. √ 18. √
19. √ 20. × 21. × 22. √ 23. √ 24. × 25. × 26. √ 27. ×
28. √ 29. × 30. √ 31. √ 32. × 33. √ 34. × 35. √ 36. ×
37. √ 38. √ 39. × 40. ×

二、单项选择题（第 1 题～第 120 题。选择一个正确的答案，将相应的字母填入题内的括号中。每题 0.5 分，满分 60 分）

1. D 2. A 3. A 4. A 5. A 6. C 7. C 8. C 9. D
10. A 11. C 12. B 13. C 14. C 15. B 16. A 17. A 18. B
19. B 20. C 21. D 22. D 23. C 24. D 25. A 26. A 27. A
28. A 29. B 30. C 31. D 32. D 33. B 34. B 35. A 36. C
37. D 38. B 39. B 40. D 41. A 42. B 43. B 44. B 45. B
46. B 47. B 48. A 49. A 50. C 51. D 52. D 53. B 54. C
55. A 56. A 57. A 58. B 59. B 60. D 61. A 62. B 63. C
64. B 65. C 66. C 67. A 68. B 69. A 70. B 71. A 72. D
73. A 74. B 75. A 76. A 77. B 78. B 79. B 80. B 81. A
82. D 83. D 84. C 85. A 86. B 87. B 88. C 89. B 90. C
91. D 92. C 93. D 94. C 95. B 96. D 97. A 98. A 99. A
100. B 101. B 102. A 103. B 104. C 105. D 106. A 107. A 108. D
109. B 110. A 111. C 112. C 113. D 114. C 115. A 116. C 117. B
118. C 119. C 120. B

三、多项选择题（第 1 题～第 20 题。选择一个以上正确的答案，将相应的字母填入题内的括号中。每题 1 分，满分 20 分）

1. ABDE　2. ABC　3. ABCDE　4. BE　5. BCE　6. ABCD
7. ABC　8. ABCD　9. ABCDE　10. AE　11. ABDE　12. ABC
13. AE　14. BC　15. ABCDE　16. BCE　17. ABCD　18. ABC
19. BE　20. ACD

第6部分

操作技能考核模拟试卷

注 意 事 项

1. 考生根据操作技能考核通知单中所列的事项做好考核准备。

2. 请考生仔细阅读试题单中具体考核内容和要求，并按要求完成操作或进行笔答或口答，若有笔答请考生在答题卷上完成。

3. 操作技能考核时要遵守考场纪律，服从考场管理人员指挥，以保证考核安全顺利进行。

注：操作技能鉴定试题评分表及答案是考评员对考生考核过程及考核结果的评分记录表，也是评分依据。

国家职业资格鉴定

物流师（国际货代）（三级）操作技能考核通知单

姓名：

准考证号：

考核日期：

试题1

试题代码：1.1.6。

试题名称：海运整箱货出口运输操作。

考核时间：30 min。

配分：20 分。

试题 2

试题代码：1.2.3。

试题名称：海运整箱货进口运输操作。

考核时间：10 min。

配分：10 分。

试题 3

试题代码：1.3.4。

试题名称：海运拼箱货运输操作。

考核时间：10 min。

配分：10 分。

试题 4

试题代码：1.4.5。

试题名称：海运散货包舱运输操作。

考核时间：10 min。

配分：10 分。

试题 5

试题代码：1.5.8。

试题名称：海运风险防范和异常情况处理。

考核时间：10 min。

配分：10 分。

试题 6

试题代码：2.1.2。

试题名称：包舱包板运输操作。

考核时间：10 min。

配分：10 分。

试题 7

试题代码：2.2.6。

试题名称：特种货物运输操作。

考核时间：15 min。

配分：10 分。

试题 8

试题代码：3.1.5。

试题名称：国际多式联运运输操作。

考核时间：10 min。

配分：10 分。

试题 9

试题代码：4.1.2。

试题名称：进口报关单制作与审核。

考核时间：15 min。

配分：10 分。

物流师（国际货代）（三级）操作技能鉴定

试　题　单

试题代码：1.1.6。

试题名称：海运整箱货出口运输操作。

考核时间：30 min。

1. 操作条件

（1）计算机（安装有国际货代管理系统）。

（2）素材：信用证、补充资料、背景资料、托运单、出口货物装箱单、保险单。

2. 操作条件

根据给定的素材完成以下海运整箱货出口运输操作，包括：

（1）填制海运货物托运单。

（2）填制出口货物装箱单。

（3）填制海运货物保险单。

3. 操作要求

（1）操作过程中所有涉及的单据，应根据要求在国际货代管理系统内填写完整规范。

（2）试题要求涉及的其他信息，请在系统内查询使用。

（3）所有操作完成后，请仔细确认并保存有关结果。

物流师（国际货代）（三级）操作技能鉴定

素材及相关单据

1. 素材提供的资料

（1）素材 1：信用证

IRREVOCABLE DOCUMENTARY CREDIT

NUMBER：LC123-258866

DATE：AUGUST 24，2009

DATE AND PLACE OF EXPIRY：OCTOBER 30，2009，QINGDAO，CHINA

ADVISING BANK：BANK OF CHINA

BENEFICIARY：CHINA XYZ IMPORT AND EXPORT CORP.

APPLICANT：UVW CORPORATION

TOTAL AMOUNT：USD 9,000（SAY US DOLLARS NINE THOUSAND ONLY）

SHIPMENT FROM：QINGDAO CHINA

TO：OSAKA JAPAN

AT THE LATEST：OCTOBER 15，2009

DESCRIPTION OF GOODS：100％ COTTON TOWEL AS PER S/C NO. CH200

TOTAL QUANTITY：16，000 PIECES PACKING：800 CARTONS

TOTAL GROSS WEIGHT：40,000 KG

TOTAL MEASUREMENT：50CBM

PRICE TERM：CIF OSAKA

FOLLOWING DOCUMENTS REQUIRED：

+SIGNED COMMERCIAL INVOICE IN THREE COPIES.

+FULL SET OF CLEAN ON BOARD OCEAN BILL OF LADING MADE OUT TO ORDER AND ENDORSED IN BLANK AND MARKED “FREIGHT PREPAID” AND NOTIFY APPLICANT.

＋INSURANCE POLICY FOR 110 PCT OF THE INVOICE VALUE COVERING THE INSTITUTE CARGO CLAUSES（A），THE INSTITUTE WAR CLAUSES.

（2）素材 2：补充资料

OCEAN VESSEL：“GOLDEN STAR” VOY. NO.：018E

CONTAINER NO. GSTU3156712/20’，SEAL NO.：58675；GSTU3156713/20’，SEAL NO.：58676

MARKS & NOS.：ITOCHU OSAKA NO. 1－800

LADEN ON BOARD THE VESSEL：OCTOBER 14，2009

B/L NO.：BBB123

B/L DATE：OCTOBER 14，2009

B/L SIGNED BY BBB SHIPPING AGENCY

CARRIER：AAA SHIPPING CO.

不允许转船和分批装运

发票号码：GB091003

（3）素材 3：背景资料

货于 2009 年 10 月 7 日由青岛虹宇公司车队运抵中盛达仓库，车号鲁 B98590，当天由虹宇公司将货物平均装入 2 个集装箱，集装箱自重 2 800 千克。中盛达仓库，青岛市燕儿岛路 26 号，电话为 56441700。

2. 需要填写的单据

（1）托运单（以下表式仅为示意）

		B/L NO.
Shipper		ABC Shipping Co.
Consignee		Bill of Lading
Notify Party		
Pre-carriage by	Place of Receipt	
Ocean Vessel Voy. No.	Port of Loading	
Port of Discharge	Place of Delivery	

Container No. Seal No. Marks & Nos.	No. of Containers of P kgs	Kinds of Packages, Description of Goods	Gross Weight kgs	Measurement

续表

TOTAL NUMBER OF CONTAINER OR PACKAGES（IN WORDS）					
Freight & Charge	Revenue Tons	Rate	Per	Prepaid	Collect

Ex. Rate.	Prepaid at	Payable at	Place and Date of Issue
	Total Prepaid	No. of Original B（s）/L	Signed for THE Carrier, ABC Shipping Co. as Carrier

Service Type on Receiving Service Type on Delivery □—CY □—CFS □—DOOR □—CY □—CFS □—DOOR		冷冻温度－18℃	
TYPE OF GOODS	□ORDINARY □REEFER □DANGEROUS □AUTO □LIQUID □LIVE ANIMAL □BULK □_____	危险品	Class： Property： IMDG Code Page： UN NO.

TRANSSHIPMENT：	PARTIAL SHIPMENT：
TIME OF SHIPMENT：	EXPERY DATE：
AMOUNT：	FREIGHT PREPAID OR COLLECT：
DATE：	TYPE OF CONTAINERS：

（2）保险单（以下表式仅为示意）

********************** 公司

***，Ltd.

发票号码 保险单号次

Invoice No. Policy No.

海洋货物运输保险单

MARINE CARGO TRANSPORTATION INSURANCE POLICY

被保险人：

Insured：………………………………………………………………

中保财产保险公司（以下简称本公司）根据被保险人的要求，及其所缴付约定的保险费，按照本保险单承担险别和背面所载条款与下列特别条款承保下列货物运输保险，特签发本保险单。

This policy of Insurance witness that The People's Insurance（Property）Company of China，Ltd.

(hereinafter called "The Company"), at the request of the Insured and in consideration of the agreed premium paid by the Insured, undertakes to insure the undermentioned goods in transportation subject to the conditions of this Policy as per the Clauses printed overleaf and other special clauses attached hereon.

保险货物项目 Description of Goods	包装　　单位　　数量 Packing　Unit　Quantity	保险金额 Amount Insured

承保险别　　　　　　　　　　　　　　　　　　货物标记

Conditions　　　　　　　　　　　　　　　　　Marks of Goods

总保险金额：

Total Amount Insured……………………………………………………………….

保费　as agreed　　　　　载运工具　　　　　　　　开航日期

Premium………………Per conveyance C. C…　………Slg. On or Abt………….

起运港　　　　　　　　　　　　　　目的港

From……　……………………To………………………………

所保货物，如发生本保险单项下可能引起索赔的损失或损坏，应立即通知本公司下述代理人查勘。如有索赔，应向本公司提交保险单正本（本保险单共有　　份正本）及有关文件。如一份已用于索赔，其余正本则自动失效。

In the event of loss or damage which may result in a claim under this Policy, immediate notice must be given to the Company's agent as mentioned hereunder. Claims, if any, one of the Original Policy which has been issued in 2 Original (s) together with the relevant documents shall be surrendered to the Company, if one of the Original Policy has been accomplished, the others to be void.

中保财产保险有限公司

THE PEOPLE'S INSURANCE(PROPERTY) COMPANY OF CHINA, LTD.

赔偿地点　　　　　　　　　　　日期　　　　　　在

Claim payable at……………………………Date………………at…………

地址

Address:

（3）装箱单（以下表式仅为示意）

<table>
<tr><td colspan="4">Reefer Temperature Required
（冷藏温度）　℃　℉</td><td colspan="6" rowspan="2">CONTAINER LOAD PLAN
装箱单</td></tr>
<tr><td>Class
（等级）</td><td>IMDG Page
（危规页码）</td><td>UN No.
（联合国编号）</td><td>Flash point
（闪点）</td></tr>
<tr><td colspan="4">Ship's Name/Voy. No.
（船名/航次）</td><td>Port of Loading
（装港）</td><td>Port of Discharge
（卸港）</td><td>Place of Delivery
（交货地）</td><td colspan="3">SHIPPER'S/PACKER'S DECLARATIONS:</td></tr>
<tr><td colspan="4">Container No.（箱号）</td><td>Bill of Lading No.
（提单号）</td><td>Packages & Packing
（件数与包装）</td><td>Gross Weight
（毛重）</td><td>Measure-ments
（尺码）</td><td>Description of Goods
（货名）</td><td>Marks & Numbers
（唛头）</td></tr>
<tr><td colspan="4">Seal No.（封号）</td><td rowspan="4"></td><td rowspan="4"></td><td rowspan="4"></td><td rowspan="4"></td><td rowspan="4"></td><td rowspan="4"></td></tr>
<tr><td colspan="2">Cont. Size（箱型）
20' 40' 45'</td><td colspan="2">Cont. Type.
（箱类）</td></tr>
<tr><td colspan="4">ISO Code For Container Size/Type
（箱型/箱类 ISO 标准代码）</td></tr>
<tr><td colspan="4">Packer's Name/Address
（装箱人名称/地址）
TEL No.（电话号码）</td></tr>
<tr><td colspan="4">Packing Date（装箱日期）</td><td>Received by Drayman
（驾驶员签收及车号）</td><td>Total Packages
（总件数）</td><td>Total Cargo Wt
（总货重）</td><td>Total Meas
（总尺码）</td><td colspan="2" rowspan="2">Remarks:
（备注）</td></tr>
<tr><td colspan="4">Packed BY:（装箱人签名）</td><td colspan="2">Received by Terminals/Date of Receipt（码头收箱签收和收箱日期）</td><td>Cont. Tare Wt
（集装箱皮重）</td><td>Cgo Cont Total Wt
（货箱总重量）</td></tr>
</table>

物流师（国际货代）（三级）操作技能鉴定

试题评分表及答案

考生姓名：　　　　　　　　　　准考证号：

1. 试题评分表

试题代码及名称		1.1.6 海运整箱货出口运输操作		考核时间（min）	30
编号	评分要素	配分	评分标准		得分
1	货物托运单	10	填写错一处扣 1 分，扣完为止		
2	货物装箱单	5	填写错一处扣 1 分，扣完为止		
3	保险单	5	填写错一处扣 1 分，扣完为止		
合计配分		20	合计得分		

考评员（签名）：

2. 参考答案

（1）托运单

B/L NO.（1）BBB123

Shipper（2）　CHINA XYZ IMPORT AND EXPORT CORP

Consignee（3）　TO ORDER

Notify Party（4）　UVW CORPORATION

ABC Shipping Co. Bill of Lading

Pre-carriage by　　　　　　　　Place of Receipt

Ocean Vessel Voy. No.　　　　　Port of Loading

（5）“GOLDEN STAR” VOY. NO.：018E

（6）QINGDAO，CHIAN 或“GOLDEN STAR” 018E 或“GOLDEN STAR” V. 018E

Port of Discharge　　　　　　　Place of Delivery

（7）OSAKA

Container No.（8） GSTU3156712 GSTU3156713	Seal No. Marks & Nos.（9） ITOCHU OSAKA NO. 1－800 58675 58676	No. of Containers of P kgs（10） 1600CTNS 或 1600CARTONS	Kinds of Packages; Description of Goods（11） COTTON TOWEL	Gross Weight kgs（12） 40000KGS	Measurement（13） 50CBM 或 50M^3

TOTAL NUMBER OF CONTAINER OR PACKAGES（IN WORDS）：（14）SAY ONE THOUSAND AND SIX HUNDRED CARTONS ONLY 或 ONE THOUSAND AND SIX HUNDRED CARTONS ONLY

Freight & Charge（15） FREIGHT PREPAID	Revenue Tons	Rate	Per	Prepaid	Collect OCTOBER

Ex. Rate.	Prepaid at	Payable at	Place and Date of Issue（16）14，2009
	Total Prepaid	No. of Original B（s）/L（17）THREE	Signed for Carrier，QINGDAO ABC Shipping Co. as Carrier （3）或 THREE

Service Type on Receiving Service Type on Delivery（15） √□－CY □－CFS □－DOOR √□－CY □－CFS □－DOOR			冷冻温度
TYPE OF GOODS	□√ORDINARY □REEFER □DANGEROUS □AUTO □LIQUID □LIVE ANIMAL □BULK □_____	危险品	Class: Property: IMDG Code Page: UN NO.

TRANSSHIPMENT：NO	PARTIAL SHIPMENT：NO
TIME OF SHIPMENT：At the latest：October 15，2009	EXPERY DATE：
AMOUNT：	FREIGHT PREPAID OR COLLECT：FREIGHT PREPAID
DATE：2009/10/07	TYPE OF CONTAINERS：（58）20'GPx1

（2）保险单

中保财产保险有限公司

The People's Insurance (Property) Company of China, Ltd.

发票号码（18）　　　　　　　　　　　　　　　　保险单号次

Invoice No.　GB091003　　　　　　　　　　　　　Policy No.

海洋货物运输保险单

MARINE CARGO TRANSPORTATION INSURANCE POLICY

被保险人：（19）

Insured：…CHINA XYZ IMPORT AND EXPORT CORP

中保财产保险公司（以下简称本公司）根据被保险人的要求，及其所缴付约定的保险费，按照本保险单承担险别和背面所载条款与下列特别条款承保下列货物运输保险，特签发本保险单。

This policy of Insurance witness that The People's Insurance (Property) Company of China, Ltd. (hereinafter called "The Company"), at the request of the Insured and in consideration of the agreed premium paid by the Insured, undertakes to insure the undermentioned goods in transportation subject to the conditions of this Policy as per the Clauses printed overleaf and other special clauses attached hereon.

保险货物项目 Description of Goods	包装　单位　数量 Packing　Unit　Quantity	保险金额 Amount Insured
(20) COTTON TOWEL	(21) 1600CTNS 或 1600CARTONS	(22) USD9，900

承保险别　　　　　　　　　　　　　　　　　　　　货物标记

Conditions（23）COVERING THE（A），WAR CLAUSES　　　　Marks of Goods

ITOCHU　　OSAKA

NO. 1－1600

总保险金额：

Total Amount Insured……………………………………………………

保费 as agreed　　　　　　载运工具　　　　　　　　　　开航日期

Premium……Per conveyance C. C…（24）　"GOLDEN STAR" VOY. NO.：018E 或"GOLDEN STAR" 018E 或"GOLDEN STAR" V. 018E

…Slg. on or abt…（25）10. 14，2009

起运港　　　　　　　　　　目的港

From……（26）…QINGDAO，CHIAN 或 QINGDAO…To……………（27）…OSAKA……

所保货物，如发生本保险单项下可能引起索赔的损失或损坏，应立即通知本公司下述代理人查勘。如有索赔，应向本公司提交保险单正本［本保险单共有（28）3 份正本］及有关文件。如一份已用于索赔，其余正本则自动失效。

In the event of loss or damage which may result in a claim under this Policy，immediate notice must be given to the Company's agent as mentioned hereunder. Claims，if any，one of the Original Policy which has been issued in 2 Original(s) together with the relevant documents shall be surrendered to the Company，if one of the Original Policy has been accomplished，the others to be void.

中保财产保险有限公司

THE PEOPLE'S INSURANCE(PROPERTY) COMPANY OF CHINA，LTD.

赔偿地点　　　　　　　　　　　　日期　　　　在

Claim payable at…（29）…OSAKA… Date…（30）…OCT. 4，2009（之前任一天都可以）…at……QINGDAO………

地址

Address：

3. 装箱单

<table>
<tr><td colspan="4">Reefer Temperature Required
（冷藏温度）　℃　℉</td><td colspan="6" rowspan="2">CONTAINER LOAD PLAN
装箱单</td></tr>
<tr><td>Class
（等级）</td><td>IMDG Page
危规
页码</td><td>UN No.
联合国
编号</td><td>Flash Point
闪点</td></tr>
<tr><td colspan="4">Ship's Name/Voy. No.
船名/航次</td><td>Port of
Loading
装港</td><td>Port of
Discharge
卸港</td><td>Place of
Delivery
交货地</td><td colspan="3">SHIPPER'S/PACKER'S
DECLARATIONS：</td></tr>
<tr><td colspan="4">Container No. 箱号
（31）GSTU3156712</td><td>Bill of
Lading
No.
（提单号）</td><td>Packages
&Packing
（件数与
包装）</td><td>Gross
Weight
（毛重）</td><td>Measure-
ments
（尺码）</td><td>Description
of Goods
（货名）</td><td>Marks &
Numbers
（唛头）</td></tr>
</table>

续表

<table>
<tr><td colspan="2">Seal No. 封号（32）58675</td><td rowspan="4">（35）
BBB123</td><td rowspan="4">（36）
800CTNS
或 800
CART
ONS</td><td rowspan="4">（37）
20 000
KGS</td><td rowspan="4">（38）
25 CBM
或 25 m³</td><td rowspan="4">（39）
COTTON
TOWEL</td><td rowspan="4">（40）
ITOCHU
OSAKA
NO. 1-800</td></tr>
<tr><td>Cont. Size 箱型
20’40’45’
（33）20’</td><td>Cont. Type.
箱类
（34）GP</td></tr>
<tr><td colspan="2">ISO Code For Container Size/Type
（箱型/箱类 ISO 标准代码）</td></tr>
<tr><td colspan="2">Packer’s Name/Address
（装箱人名称/地址）
（41）中盛达仓库
TEL No.（电话号码）
（42）56441700</td></tr>
<tr><td colspan="2">Packing Date 装箱日期
（32）
2009 年 10 月 07 日</td><td>Received
by Drayman
（驾驶员签
收及车号）
（44）鲁
B98590</td><td>Total
Packages
（总件数）
（45）
800CTNS
或 800
CARTONS</td><td>Total
Cargo Wt
（总货重）
（46）
20 000
KGS</td><td>Total
Meas
（总尺码）
（47）
25 CBM
或 25 m³</td><td colspan="2" rowspan="2">Remarks：
备注</td></tr>
<tr><td colspan="2">Packed BY：装箱人签名
（48）
中盛达仓库</td><td colspan="2">Received by
Terminals/Date
Of Receipt（码头收
箱签收和收箱日期）</td><td>Cont.
Tare Wt
（集装箱
皮重）
（49）
2 800
KGS</td><td>Cgo Cont
Total Wt
（货箱总
重量）
（50）
22 800
KGS</td></tr>
</table>

物流师（国际货代）（三级）操作技能鉴定

试　题　单

试题代码：1.2.3。

试题名称：海运整箱货进口运输操作。

考核时间：10 min。

1. 操作条件

(1) 计算机（安装有国际货代管理系统）。

(2) 素材：提单、空白提货单、补充信息。

2. 操作内容：

根据给定的素材完成以下任务：填制海运货物进口提货单。

3. 操作要求

(1) 操作过程中所有涉及的单据，应根据要求在国际货代管理系统内填写完整规范。

(2) 试题要求涉及的其他信息，请在系统内查询使用。

(3) 所有操作完成后，请仔细确认并保存有关结果。

物流师（国际货代）（三级）操作技能鉴定

素材及相关单据

1. 素材提供的资料

（1）素材 1：进口提单

<table>
<tr><th colspan="3">Bill of Lading</th></tr>
<tr><td colspan="2">Shipper
DU PONT SINGAPORE FIBRES PTE LTD.
1 MARITIME SQUARE NO. 07－01
WORLD TRADE CENTRE
SINGAPORE 099253</td><td>B/L No.
APLU007137686</td></tr>
<tr><td colspan="2">Consignee
SHANGHAI WORLDBEST MACHINERY
1&E CO.，LTD. RM 723 7/E HUAYUAN WORLD PLAZA 1958 PUDONG
ZHONGSHAN ROAD SHANGHAI CHINA
200 080 CONTACT PERSON：MR QIAN WEIFENG FAX：0086－21－62033441</td><td rowspan="4">PORT TO PORT OR COMBINED TRANSPORT
RECEIVED by the carrier as specified below in apparent good order and condition unless otherwise stated，the goods shall be transported to such place as agreed，authorized or permitted herein and subject to all the terms and conditions whether written，typed，stamped，printed，or incorporated on the front and reverse side hereof which the Merchant agrees to be bound by accepting this Bill of Lading，any local privileges and customs notwithstanding.
The particulars given below as stated by the shipper，the weight，measure，quantity condition，contents and value of goods are unknown to the carrier.
In WITNESS whereof one（1）original Bill of Lading has been signed if not otherwise stated below，the same being accomplished the other（s），if any，to be void，if required by the carrier one（1）original Bill of Lading must be surrendered duly endorsed in exchange for the goods or delivery order.
ORIGINAL</td></tr>
<tr><td colspan="2">Notify Party
SHANGHAI WORLDBEST MACHINERY
1&E CO.，LTD. RM 723 7/E HUAYUAN WORLD PLAZA 1958 PUDONG
ZHONGSHAN ROAD SHANGHAI CHINA
200 080 CONTACT PERSON：MR QIAN WEIFENG FAX：0086－21－62033441</td></tr>
<tr><td>Precarriage by *</td><td>Place of Receipt *</td></tr>
<tr><td>Vessel Voy. No.
HYUDAI BARON 3068</td><td>Port of Loading
SINGAPORE</td></tr>
<tr><td>Port of Discharge
SHANGHAI</td><td>Place of Delivery *</td><td></td></tr>
</table>

续表

PARTICULARS FURNISHED BY THE MERCHANT				
Container No. /Seal No. Marks & Numbers SHANGHAI WORLDBET 98L—025SH C/NO. 1—420 SHANGHAI CN/SN： NOSU437179/NOL Z00349	No. of Containers or Packages 420CTNS	Description of Goods CINS AA FA07—0550 SLAC CY/CY 1 × 40 ’，420 CARTONS OF 10332 KGS “LYCRA” ELASTANE 40 DENIER TYPE 149B MERGE 1U124 5KG TUBE COUNTRY OF ORIGIN：SIGAPORE ORDER NO： 98L—25SH ON MAR27，2008 AT SINGAPORE	Gross Weight 12，285KG	Measurement 50. 400CBM

TOTAL NUMBER OF CONTAINERS OR PACKAGES （IN WORDS）	SAY FOUR HUNDRED AND TWENTY CARTONS ONLY			
Freight & Charges	Rate	Unit	Prepaid	Collect
Excess Value Declaration		Temperature Control Instructions		
Prepaid at	Payable at			
Number of Original Bills of Lading THREE		IN WITNESS of the number of original Bills of Lading stated above have been signed，one of which being accomplished，the other （s） to be void. FOR THE CARRIER 章或签字		
Place of Issue SINGAPORE				
Date of Issue 25 FEB 2008				

* Applicable only when Document used as a Combined Transport Bill of Lading

STANDARD FORM 2003

素材 2：补充信息

进口单位 中文名称：上海世佳机械进出口公司

卸货港区：洋山港区

船舶抵港日期：2008/4/18

2. 需要填写的单据

进口集装箱货物提货单

DELIVERY ORDER

港区场站　　　　　　　　　　　换单日期

收货人名称		收货人开户 银行与账号		
船名	航次	起运港	目的港	船舶预计到港时间
提单号	交付条款	卸货地点	进库场日期	第一程运输
标记与集装箱号	货名	集装箱数或件数	重量（KGS）	体积（M^3）
收货人章	海关章	检验检疫章		

物流师（国际货代）（三级）操作技能鉴定

试题评分表及答案

考生姓名：　　　　　　　　准考证号：

1. 试题评分表

试题代码及名称		1.2.3 海运整箱货进口运输操作	考核时间（min）	10
编号	评分要素	配分	评分标准	得分
1	进口提货单	10	填写错一处扣 2 分，扣完为止	
合计配分		10	合计得分	

考评员（签名）：

2. 参考答案

进口集装箱货物提货单

DELIVERY ORDER

港区场站　　　　　　　　换单日期

收货人名称（1） SHANGHAI WORLDBEST MACHINERY I&E CO.，LTD.			收货人开户 银行与账号	
船名（2） HYUDAI BARON	航次（3） 3068	起运港（4） SINGAPORE	目的港（5） SHANGHAI，CHINA 或 SHANGHAI	船舶预计到港时间（6） 2008/04/18
提单号（7） APLU007137686	交付条款（8） CY/CY	卸货地点	进库场日期	第一程运输
标记与集装箱号（9） SHANGHAI WORLDBET 98L—025SH C/NO. 1—420 SHANGHAI CN/SN： NOSU437179/NOL Z00349	货名（10） “LYCRA” ELASTANE 40 DENIER TYPE 149B MERGE 1U124 5 KG TUBE	集装箱数或 件数（11） 1×40’或 420 CARTONS	重量（KGS）（12） 12，285 KGS	体积（M^3）（13） 50.4 CBM 或 50.4 M^3
收货人章	海关章	检验检疫章		

物流师（国际货代）（三级）操作技能鉴定

试　题　单

试题代码：1.3.4。

试题名称：海运拼箱货运输操作。

考核时间：10 min。

1. 操作条件

（1）计算机（安装有国际货代管理系统）。

（2）素材：信用证、运输信息、空白提单。

2. 操作条件

填写集装箱 house 提单。

3. 操作要求

（1）操作过程中所有涉及的单据，应根据要求在国际货代管理系统内填写完整规范。

（2）试题要求涉及的其他信息，请在系统内查询使用。

（3）所有操作完成后，请仔细确认并保存有关结果。

物流师（国际货代）（三级）操作技能鉴定

素材及相关单据

1. 素材提供的资料

（1）素材 1：信用证

货主 1	LAMPS	100 ctn	1 575.00 KGS	9.110 CBM
货主 2	Spart I	10 ctn	2 000 kgs	5.450 cbm
…	…	…	…	…

货主 1 有关信息：

FORM OF A DOCUMENTARY CREDIT，IRREVOCABLE

L/C NO.：200801367

DATE OF ISSUE：2008/12/05

EXPIRY DATE：2009/01/10

APPLICANT：PT. CITRA BAHARI CEMERLANG JAKARTA INDONESIA

BENEFICIARY：CHINA NATIONAL CONSUMER ELECTRICS & ELECTRONICS IMPORT & EXPORT CORP.

AMOUNT：USD 2，644.38 CFR JAKARTA

AVAILABLE WITH：ANY BANK

PARTIAL SHIPMENTS：NOT ALLOWED

TRANSSHIPMENT：ALLOWED

FROM：CHINA PORT

TO：JAKARTA，INDONESIA

LATEST DATE OF SHIP：2009/01/05

DESCRIPTION OF GOODS：LAMPS

QUANTITY：996 PIECES PACKED IN 100 CARTONS

＋ FULL SET 3/3 ON BOARD B/L ISSUED TO APPLICANT AND NOTIFY APPLI-

CANT MARKED FREIGHT PREPAID

+ FORWARDER'S BILL OF LADING IS ACCEPTABLE.

(2) 素材 2：运输信息

NVOCC：Sinotrans Shanghai Corporation

JAKARTA DELIBERY AGENT：P. T. JAYAKUSUMA PERDANA FORWARDING CO. LTD WAGERHOUSE 9－10TH FL. JL. H. R. C－3 JAKARTA 12929 INDONESIA. TEL：6221－5212350

VESSEL VOY NO：UNI－MASTER V. 0166－269S

PORT OF LOADING：SHANGHAI

CN/SN：UGMU8572126/8409

SHIPPING MARK：N/M

ON BOARD DATE：JAN. 01，2009

B/L NO. 36004175

HB/L NO. 36004175－D

2. 需要填写的单据

提单（以下表式仅为示意）

Bill of Lading

<table>
<tr><td>Shipper</td><td>B/L NO.</td></tr>
<tr><td>Consignee</td><td rowspan="2">PORT TO PORT OR COMBINED TRANSPORT
RECEIVED by the carrier as specified below in apparent good order and condition unless otherwise stated，the goods shall be transported to such place as agreed，authorized or permitted herein and subject to all the terms and conditions whether written，typed，stamped，printed，or incorporated on the front and reverse side hereof which the Merchant agrees to be bound by accepting this Bill of Lading，any local privileges and customs notwithstanding.</td></tr>
<tr><td>Notify Party</td></tr>
</table>

续表

<table>
<tr><td>Precarriage by *</td><td>Place of Receipt *</td><td rowspan="3">The particulars given below as stated by the shipper, the weight, measure, quantity condition, contents and value of goods are unknown to the carrier.
In WITNESS whereof one (1) original Bill of Lading has been signed if not otherwise stated below, the same being accomplished the other (s), if any, to be void, if required by the carrier one (1) original Bill of Lading must be surrendered duly endorsed in exchange for the goods or delivery order.
ORIGINAL</td></tr>
<tr><td>Vessel Voy. No.</td><td>Port of Loading</td></tr>
<tr><td>Port of Discharge</td><td>Place of Delivery *</td></tr>
</table>

PARTICULARS FURNISHED BY THE MERCHANT

Container No. /Seal No. Marks & Numbers	No. of Containers or Packages	Description of Goods	Gross Weight	Measurement

TOTAL NUMBER OF CONTAINERS
OR PACKAGES (IN WORD)

<table>
<tr><td>Freight & Charges</td><td>Rate</td><td>Unit</td><td>Prepaid</td><td>Collect</td></tr>
<tr><td colspan="2">Excess Value Declaration</td><td colspan="3" rowspan="2">Temperature Control Instructions</td></tr>
<tr><td>Prepaid at</td><td>Payable at</td></tr>
<tr><td colspan="2">Number of Original Bills of Lading</td><td colspan="3" rowspan="3">IN WITNESS of the number of original Bills of Lading stated above have been signed, one of which being accomplished, the other (s) to be void.
FOR THE CARRIER</td></tr>
<tr><td colspan="2">Place of issue</td></tr>
<tr><td colspan="2">Date of issue</td></tr>
</table>

* Applicable only when Document used as a Combined Transport Bill of Lading

STANDARD FORM 2003

物流师（国际货代）（三级）操作技能鉴定

试题评分表及答案

考生姓名：　　　　　　　　　准考证号：

1. 试题评分表

试题代码及名称		1.3.4 海运拼箱货运输操作		考核时间（min）	10
编号	评分要素	配分	评分标准		得分
1	填写提单	10	填写错1处扣2分，扣完为止		
合计配分		10	合计得分		

考评员（签名）：

2. 参考答案

Bill of Lading

<table>
<tr><td colspan="2">Shipper（2）
CHINA NATIONAL CONSUMER ELECTRICS & E-LECTRONICS IMPORT & EXPORT CORP.</td><td>B/L No.（1）36004175－D</td></tr>
<tr><td colspan="2">Consignee（3）
PT. CITRA BAHARI CEMERLANG JAKARTA IN-DONESIA</td><td rowspan="6">PORT TO PORT OR COMBINED TRANSPORT
RECEIVED by the carrier as specified below in apparent good order and condition unless otherwise stated，the goods shall be transported to such place as agreed，authorized or permitted herein and subject to all the terms and conditions whether written，typed，stamped，printed，or incorporated on the front and reverse side hereof which the Merchant agrees to be bound by accepting this Bill of Lading，any local privileges and customs notwithstanding.
The particulars given below as stated by the shipper，the weight，measure，quantity condition，contents and value of goods are unknown to the carrier.
In WITNESS whereof one（1）original Bill of Lading has been signed if not otherwise stated below，the same being accomplished the other（s），if any，to be void，if required by the carrier one（1）original Bill of Lading must be surrendered duly endorsed in exchange for the goods or delivery order.
ORIGINAL</td></tr>
<tr><td colspan="2">Notify Party（4）
SAME AS CONSIGNEE 或 PT. CITRA BAHARI CE-MERLANG JAKARTA INDONESIA</td></tr>
<tr><td>Precarriage by *</td><td>Place of Receipt *</td></tr>
<tr><td>Vessel Voy. No.（5）
UNI－MASTER V. 0166－269S或UNI－MASTER 0166－269S或UNI－MASTER VOY. NO.：0166－269S</td><td>Port of Loading（6）
SHANGHAI，CHINA或SHANGHAI</td></tr>
<tr><td>Port of Discharge（7）
JAKARTA，INDONESIA</td><td>Place of Delivery *</td></tr>
</table>

续表

PARTICULARS FURNISHED BY THE MERCHANT

Container No. /Seal No. Marks & Numbers (8) N/M CN/SN：UGMU8572126/8409	No. of Containers or Packages (9) 100 CTNS	Description of Goods (10) LAMPS 996 PIECES PACKED IN 100 CARTONS CFS/CFS LCL/LCL FREIGHT PREPAID JAKARTA DELIBERY AGENT：P. T. JAYAKUSUMA PERDANA FORWARDING CO. LTD WAGERHOUSE 9－10TH FL. JL. H. R. C－3 JAKARTA 12929 INDONESIA. TEL：6221－5212350	Gross Weight (11) 1，575KGS	Measurement (12) 9. 11CBM 或 9. 11 M^3
			ON BOARD	

TOTAL NUMBER OF CONTAINERS (13)
OR PACKAGES (IN WORDS) SAY ONE HUNDRED CARTONS ONLY 或 ONE HUNDRED CARTONS ONLY

Freight & Charges	Rate	Unit	Prepaid	Collect

Excess Value Declaration		Temperature Control Instructions
Prepaid at	Payable at	
Number of Original Bills of Lading (14) THREE (3) 或 THREE		IN WITNESS of the number of original Bills of Lading stated above have been signed，one of which being accomplished，the other (s) to be void. FOR THE CARRIER 盖签单章
Place of DATE issue (15) SHANGHAI JAN 01，2009 或 SHANGHAI CHINA JAN 01，2009		

* Applicable only when Document used as a Combined Transport Bill of Lading

SCL STANDARD FORM 2003

物流师（国际货代）（三级）操作技能鉴定

试　题　单

试题代码：1.4.5。

试题名称：海运散杂货包舱运输。

考核时间：10 min。

1. 操作条件

（1）计算机（安装有国际货代操作系统）。

（2）素材：港口作业时间事实记录和补充资料。

2. 操作条件

按给定素材完成以下操作：

（1）填制滞期/或速遣表（包括计算滞期/或速遣天数等）。

（2）按指定方法（包括滞期时间连续计算等）计算滞期/或速遣费用。

3. 操作要求

（1）答题时应详细写出计算过程。

（2）必须在指定的答题卷（Word 文档）上完成答题并保存。

物流师（国际货代）（三级）操作技能鉴定

素材及相关单据

1. 素材提供的资料

（1）素材 1：港口作业时间事实记录

日期	星期	时间		说明
		开始时间	终止时间	
10/2	三	14：00		靠泊
10/3	四	18：00		发出 N/R
10/3	四	18：00		接受 N/R
10/4	五	8：00	24：00	装货开始
10/5	六	0：00	24：00	装货
10/6	日	0：00	6：00	装货
10/6	日	6：00	8：00	因雨停工
10/6	日	8：00	24：00	装货
10/7	一	0：00	24：00	装货
10/8	二	0：00	24：00	装货
10/9	三	0：00	12：00	装货

（2）素材 2：补充资料

合同装卸条款如下：装运 18 000 吨货物；4WWDSHEX。

SATURDAY 为工作日；当上午接受 N/R，下午 14：00 计算装货时间，当下午接受 N/R，第二天 8：00 计算装货时间。

滞期费：USD2 400/天；速遣费 USD1 200/天。

请根据以上素材，使用滞期时间连续计算方法完成计算。

2. 需要填写的单据

滞期/或速遣表（以下表式仅为示意）。

可用装货时间

船舶抵港时间　月　日

装卸准备就绪通知书递交时间　月　日

装卸准备就绪通知书接受时间　月　日

装货时间起算时间　月　日

装货开始时间　月　日

装货完毕时间　月　日

<table>
<tr><th rowspan="2">日期</th><th rowspan="2">星期</th><th colspan="2">时间</th><th rowspan="2">说明</th><th colspan="3">可用时间</th><th colspan="3">实用时间</th><th colspan="3">滞期/节省时间</th></tr>
<tr><th>起</th><th>止</th><th>D</th><th>H</th><th>M</th><th>D</th><th>H</th><th>M</th><th>D</th><th>H</th><th>M</th></tr>
<tr><td></td><td></td><td></td><td></td><td></td><td></td><td></td><td></td><td></td><td></td><td></td><td></td><td></td><td></td></tr>
<tr><td></td><td></td><td></td><td></td><td></td><td></td><td></td><td></td><td></td><td></td><td></td><td></td><td></td><td></td></tr>
<tr><td></td><td></td><td></td><td></td><td></td><td></td><td></td><td></td><td></td><td></td><td></td><td></td><td></td><td></td></tr>
<tr><td></td><td></td><td></td><td></td><td></td><td></td><td></td><td></td><td></td><td></td><td></td><td></td><td></td><td></td></tr>
<tr><td colspan="5">合计</td><td></td><td></td><td></td><td></td><td></td><td></td><td></td><td></td><td></td></tr>
</table>

物流师（国际货代）（三级）操作技能鉴定

试题评分表及答案

考生姓名：　　　　　　　　　　准考证号：

1. 试题评分表

试题代码及名称		1.4.5 海运散杂货包舱运输操作		考核时间（min）	10
编号	评分要素	配分	分值	评分标准	得分
1	填制滞期/或速遣表	8	3	滞期/速遣表头错一处扣 0.5 分，扣完为止	
			2	可用时间填错一处扣 0.5 分，扣完为止	
			2	实用时间填错一处扣 0.5 分，扣完为止	
			1	滞期/节省时间填错一处扣 0.5 分，扣完为止	
2	计算滞期＼速遣、天数＼费用	2	1	计算滞期/速遣天数，计算错误扣 1 分	
			1	计算滞期/速遣费用，计算错误扣 1 分	
合计配分		10		合计得分	

考评员（签名）：

2. 参考答案

（1）滞期/或速遣表

可用装货时间 -（1）4WWDSHEX

船舶抵港时间（2）10 月 2 日 14：00

装卸准备就绪通知书递交时间（3）10 月 3 日 18：00

装卸准备就绪通知书接受时间（4）10 月 3 日 18：00

装货时间起算时间（5）10 月 4 日 8：00

装货开始时间（6）10 月 4 日 8：00

装货完毕时间（7）10 月 9 日 12：00

续表

日期	星期	时间		说明	可用时间			实用时间			滞期/节省时间		
		起	止		D	H	M	D	H	M	D	H	M
10/4	五	8：00	24：00	装货	0	16	0	0	16	0			
10/5	六	0：00	6：00	装货	0	6	0	0	6	0			
10/5	六	6：00	8：00	因雨停工	0	0	0	0	0	0			
10/5	六	8：00	24：00	装货	0	16	0	0	16	0			
10/6	日	0：00	24：00	装货	0	0	0	0	0	0			
10/7	一	0：00	24：00	装货	1	0	0	1	0	0			
10/8	二	0：00	24：00	装货	1	0	0	1	0	0			
10/9	三	0：00	12：00	装货（完毕）	0	10	0	0	12	0			
合计					4	2	0				0	2	0

（2）滞期天数：2小时；滞期费：2小时×2 400美元/天＝ 200美元。

物流师（国际货代）（三级）操作技能鉴定

试 题 单

试题代码：1.5.8。

试题名称：海运风险防范与事故处理。

考核时间：10 min。

1. 操作条件

（1）计算机（安装有国际货代操作系统）。

（2）素材：运输条件背景资料。

2. 操作条件

根据给定的素材完成以下任务：填制赔款及权益转让书。

3. 操作要求

（1）操作过程中所有涉及的单据，应根据要求填写完整规范。

（2）以上过程有关单据、表式部分在给定的货代系统内完成，部分以纸张表格给出。

（3）所有操作完成后，请仔细确认并保存有关结果。

物流师（国际货代）（三级）操作技能鉴定

素材及相关单据

1. 素材提供的资料

素材 1：货损情况

2009 年 4 月 26 日，上海港机张家港总装有限公司与韩国仁川港务局订立购销合同，约定由前者向后者出售 35t—25m 岸边集装箱桥式起重机壹台，价格人民币 5 500 000 元，由上海港机张家港总装有限公司负责运输、保险及在韩国仁川港港区码头调试完毕交货。同年 4 月 29 日，上海港机张家港总装有限公司与上海港口机械安装公司订立合同，约定由前者委托后者为前述购销合同列明的货物进行上海港至韩国仁川港的运输和安装。同年 12 月 29 日，上海港口机械安装公司与南京远航船务有限公司订立托运合同，约定由前者负责货物装船后的绑扎和加固，后者负责配载和运输。2010 年 1 月 10 日，上海港机张家港总装有限公司与南京远航船务有限公司办理前述集装箱桥式起重机的发运交接，由南京远航船务有限公司用“天蓝号”负责从“上海港－仁川港”的该项运输任务。同日，中国平安财产保险股份有限公司上海分公司出具了编号为 21112300100000445 的被保险人为上海港机张家港总装有限公司的保险单，保险金额人民币 6 000 000 元。2010 年 4 月 11 日，中国平安财产保险股份有限公司上海分公司因承保的货物在运输途中落海和受损，向被保险人赔付了人民币 5 518 000 元，赔案号为 2010041156。现中国平安财产保险股份有限公司上海分公司赔付以后需从被保险人处取得权益转让书。请替上海港机张家港总装有限公司填写赔款收据及权益转让书。

2. 需要填写的单据

赔款收据及权益转让书（以下表式仅为示意）。

赔款收据及权益转让书

RECEIPT AND SUBROGATION FORM

保险单号码：Policy/Certificate No. ____________________

保险 金 额：Insured Amount：____________________

赔案号：Loss No. ____________________

致：中国平安财产保险股份有限公司　　　　　　分公司

To：Ping An Property & Casualty Insurance Company of China Ltd Branch

贵公司赔付有关上述保险单项下由____________轮承运自____________港/地至____________港/地的（货物）____________索赔案的赔款____________（大写）____________（小写）已收到。立书人同意接受上述赔款，从而结束上述保险单项下的全部索赔。

Received from Ping An Property & Casualty Insurance Company of China Ltd. Branch，the sum of ____________（____________）in full and final settlement of the claim under the above mentioned Policy/Certificate Shipped per M/V. "____________" from ____________ to ____________.

鉴于收到该款，立书人同意将已取得的上述赔款部分保险标的的一切权益转让给贵公司，并同意贵公司以贵公司或立书人的名义向责任方追偿或诉讼，立书人并将提供一切必要的协助，以利贵公司实现该项权益。

In consideration of having received this payment，we hereby agree to assign，transfer and subrogate to you，to the extent of your interest，all our rights and remedies in respect of the subject matter insured，and to grant you full power and give you any assistance you may reasonably require of us in the exercise of such rights and remedies in our or your name and at your own expense.

Date at（地点）____________ this（日）________ day of（月）________

（年）20 ________

立书人（签章）

Signed：____________

物流师（国际货代）（三级）操作技能鉴定

试题评分表及答案

考生姓名： 准考证号：

1. 试题评分表

<table>
<tr><td colspan="2">试题代码及名称</td><td colspan="2">1.5.8 海运风险防范与事故处理</td><td>考核时间（min）</td><td>10</td></tr>
<tr><td>编号</td><td>评分要素</td><td>配分</td><td colspan="2">评分标准</td><td>得分</td></tr>
<tr><td>1</td><td>赔款及权益转让书</td><td>10</td><td colspan="2">错一项扣1分，扣完为止</td><td></td></tr>
<tr><td colspan="2">合计配分</td><td>10</td><td colspan="2">合计得分</td><td></td></tr>
</table>

考评员（签名）：

2. 参考答案

赔款收据及权益转让书

RECEIPT AND SUBROGATION FORM

保险单号码：Policy/Certificate No. （1） 21112300100000445

保 险 金 额：Insured Amount：（2） 人民币6 000 000元 或6 000 000元

赔 案 号：Loss No. （3） 2010041156

致：中国平安财产保险股份有限公司 （4） 上海分公司

To：Ping An Property & Casualty Insurance Company of China Ltd Branch

贵公司赔付有关上述保险单项下由 （5）天蓝号 轮承运自

（6）上海港/地至（7）仁川港/地的（货物）（8）35t－25m岸边集装箱桥式起重机索赔案的赔款（9）人民币伍佰伍拾壹万捌仟元整（大写）（10）5 518 000元或人民币5 518 000元（小写）已收到。立书人同意接受上述赔款，从而结束上述保险单项下的全部索赔。

Received from Ping An Property & Casualty Insurance Company of China Ltd. Branch，the sum of ______ (______) in full and final settlement of the claim under the above mentioned Policy/Certificate Shipped per M/V. "______" from ______ to ______.

鉴于收到该款，立书人同意将已取得的上述赔款部分保险标的的一切权益转让给贵公司，并同意贵公司以贵公司或立书人的名义向责任方追偿或诉讼，立书人并将提供一切必要的协助，以利贵公司实现该项权益。

In consideration of having received this payment，we hereby agree to assign，transfer and subrogate to you，to the extent of your interest，all our rights and remedies in respect of the subject matter insured，and to grant you full power and give you any assistance you may reasonably require of us in the exercise of such rights and remedies in our or your name and at your own expense.

Date at（地点） <u>（11）上海</u> this（日） <u>（12） 11</u>day of（月）<u>（13）4</u>（年）20<u>（14）10</u>

立书人（签章）<u>（15）上海港机张家港总装有限公司</u>

Signed：______________

物流师（国际货代）（三级）操作技能鉴定

试　题　单

试题代码：2.1.2。

试题名称：包舱包板运输操作。

考核时间：10 min。

1. 操作条件

（1）计算机（安装有国际货代管理系统）。

（2）素材：空运货物资料、补充资料、空运单。

2. 操作条件

根据给定的素材完成以下任务：

（1）计算运费，必须写出计算过程。

（2）填制航空空运单。

3. 操作要求

（1）操作过程中所有涉及的单据，应根据要求在国际货代管理系统内填写完整规范。

（2）试题要求涉及的其他信息，请在系统内查询使用。

（3）计算运费请填写在答题卷（Word 文档）上，必须把计算过程详细写出。

（4）所有操作完成后，请仔细确认并保存有关结果。

物流师（国际货代）（三级）操作技能鉴定

素材及相关单据

1. 素材提供的资料

（1）素材 1：货物资料

货物 1：Books，Applicable Rate：R 50% of Normal GCR；毛重：800 kgs，尺码 40 pieces 70 cm×47 cm×35 cm

货物 2：Handicraft，毛重：126 kgs，尺码 3 pieces 100 cm×60 cm×42 cm

货物 3：Apple Fresh，商品编号：0008；毛重：320 kgs，尺码 8 pieces 90 cm×70 cm×32 cm

运输情况：Routing：QINGDAO，CHINA（TAO）
TO OSAKA，JAPAN（OSA）

网板：AKE，最大毛重：1 588 kgs，尺码 153 cm×156 cm×163 cm；网板运价：CNY15.00/KG

（2）素材 2：补充资料

运价表 FROM QINGDAO，CHINA TO OSAKA，JAPAN

			0008	0300	1093	2195
M	N	45	300	500	100	500
230	37.51	28.31	18.80	20.61	18.43	18.80

2. 需要填写的单据

（1）包网板运费单（以下表式仅为示意）

网板型号	货物毛重	体积重量	计费重量	运费	货运公司毛利
合计					

（2）航空运单运费栏（以下表式仅为示意）

No. of pieces RCP	Gross Weight	Kg Lb	Rate Class ＿	Commodity Item No.	Chargeable Weight	Rate/Charge	Total	Goods

物流师（国际货代）（三级）操作技能鉴定

试题评分表及答案

考生姓名：　　　　　　　　　准考证号：

1. 试题评分表

<table>
<tr><td colspan="2">试题代码及名称</td><td colspan="2">2.1.3 包舱包板运输操作</td><td>考核时间（min）</td><td>10</td></tr>
<tr><td>编号</td><td>评分要素</td><td>配分</td><td colspan="2">评分标准</td><td>得分</td></tr>
<tr><td>1</td><td>包网板运费</td><td>5</td><td colspan="2">填写错 1 处扣 1 分，扣完为止</td><td></td></tr>
<tr><td>2</td><td>航空运单运费栏</td><td>5</td><td colspan="2">填写错 1 处扣 1 分，扣完为止</td><td></td></tr>
<tr><td colspan="2">合计配分</td><td>10</td><td colspan="2">合计得分</td><td></td></tr>
</table>

考评员（签名）：

2. 参考答案

（1）包网板运费

网板型号	货物毛重	体积重量	计费重量	运费	货运公司毛利
	800.0	货物 1：768.0	800.0		
	126.0	货物 2：361.5	126.0		
	320.0	货物 3：403.5	320.0		
AKE	1 246.0	合计：1 163	1 246.0	18 690.00	5 901.06

（2）航空运单运费栏

<table>
<tr><th>No. of Pieces RCP</th><th>Gross Weight</th><th>Kg Lb</th><th>Rate Class</th><th>Commodity Item No.</th><th>Chargeable Weight</th><th>Rate/Charge</th><th>Total</th><th>Goods</th></tr>
<tr><td>40</td><td>800</td><td rowspan="4">K</td><td>R</td><td>N50</td><td>800.0</td><td>18.76</td><td>15 008</td><td>BOOKS</td></tr>
<tr><td>3</td><td>126</td><td>Q</td><td></td><td></td><td>28.31</td><td>3 567.06</td><td>HANDICRAFT</td></tr>
<tr><td>8</td><td>320</td><td rowspan="2">C</td><td rowspan="2">0008</td><td rowspan="2">320</td><td>18.80</td><td>6 016.00</td><td rowspan="2">ORANGE FRESH</td></tr>
<tr><td>51</td><td>1 246</td><td></td><td>24 591.06</td></tr>
</table>

物流师（国际货代）（三级）操作技能鉴定

试　题　单

试题代码：2. 2. 6。

试题名称：特种货物运输操作。

考核时间：15 min。

1. 操作条件

（1）计算机（安装有国际货代操作系统）。

（2）素材：背景资料、运价表和运单运费栏。

2. 操作内容

根据给定的素材完成以下任务：

（1）计算运费。

（2）填制航空货运单运费计算栏。

3. 操作要求

（1）操作过程中所有涉及的单据，应根据要求在国际货代管理系统内填写完整规范。

（2）试题要求涉及的其他信息，请在系统内查询使用。

（3）计算运费请填写在答题卷（Word 文档）上，必须把计算过程详细写出。

（4）所有操作完成后，请仔细确认并保存有关结果。

物流师（国际货代）（三级）操作技能鉴定

素材及相关单据

1. 素材提供的资料

（1）素材 1：背景资料

从上海运往巴黎两箱幼禽，每箱重 25.0 千克，每箱尺码为：70 厘米×50 厘米×50 厘米，计算航空运费。

（2）素材 2：补充资料

运价表

SHANGHAI	CN		SHA
Y. RENMINBI	CNY		KGS
PARIS	FR	M	320.00
		N	52.81
		45	44.46
		100	40.93

注：从上海到巴黎，属于三区运往二区，运价的构成是“NORMAL GCR OR OVER 45KG”

2. 需要填写的单据

航空货运单运费计算栏（以下表式仅为示意）。

航空货运单运费计算栏

No. of Pieces RCP	Gross Weight	Kg Lb	Rate Class	Commodity Item Oo.	Chargeable Weight	Rate/Charge	Total	Nature and Suantity of Good（incl. Dimensions or Volume)

物流师（国际货代）（三级）操作技能鉴定

试题评分表及答案

考生姓名：　　　　　　　　　准考证号：

1. 试题评分表

试题代码及名称		2.2.6 特种货物运输操作		考核时间（min）	15
编号	评分要素		配分	评分标准	得分
1	计算计费重量		3	计算过程，漏错一步扣 1 分，扣完为止	
2	计算航空运费		3	计算过程，漏错一步扣 1 分，扣完为止	
3	填制航空货运单运费计算栏		4	漏错一步扣 1 分，扣完为止	
合计配分		10		合计得分	

考评员（签名）：

2. 参考答案

（1）按照查找的运价构成计算运费

Volum：70 cm×50 cm×50 cm×2＝350 000 cm^3

Volum weight：350 000 cm^3÷6 000 cm^3/kgs＝58.33 kgs＝58.5 kgs

Gross weight：25.0 kgs×2＝50 kgs

Chargeable weight：58.5 kgs

（2）计算航空运费

Applicable rate：Normal GCR OR OVER 45 kg

Rate＝100%×44.46CNY/kg＝44.46 CNY/kg

Weight charge：58.5×44.46＝CNY2 600.91

（3）填制航空货运单运费计算栏

No. of Pieces RCP	Gross Weight	Kg Lb	Rate Class	Commodity Item No.	Chargeable Weight	Rate/Charge	Total	Nature and Quantity of Goods（Incl. Dimensions or Volume）
2	50.0	K	S	Q100	58.5	44.46	2 600.91	BABY POULTRY DIMS：70 cm×50 cm×50 cm×2

物流师（国际货代）（三级）操作技能鉴定

试　题　单

试题代码：3.1.5。

试题名称：国际多式联运运输操作。

考核时间：10 min。

1. 操作条件

（1）计算机（安装有国际货代管理系统）。

（2）素材：多式联运舱单、补充资料、海运多式联运提单。

2. 操作内容

根据给定素材完成以下内容：根据所给的物流单证和说明，制作一份海运提单。

3. 操作要求

（1）操作过程中所有涉及的单据，应根据要求在国际货代管理系统内填写完整规范。

（2）试题要求涉及的其他信息，请在系统内查询使用。

（3）所有操作完成后，请仔细确认并保存有关结果。

物流师（国际货代）（三级）操作技能鉴定

素材及相关单据

1. 素材提供的资料

（1）素材 1：多式联运舱单

CARGO DECLARATION

<table>
<tr><td rowspan="2">CARGO MANIFEST</td><td colspan="3">1. Name of Ship
MED TAICHUNG VOY：MTG008</td><td colspan="2">2. Port Where Report is Made (Presented)</td><td colspan="3"></td></tr>
<tr><td colspan="2">3. Nationality of ship</td><td>4. Place of Receipt
MALARA</td><td>5a. Port of Loading
SINGAPORE</td><td>5b. Port of Discharge
SHANGHAI</td><td colspan="2">6. Place of Delivery
NANCHANG</td><td>7. Date of sailing From Port of Loading
JAN. 09，2010</td></tr>
<tr><td colspan="2">8. Shipper；Consignee；Notify Address</td><td>9. B/L NO'S</td><td>10. Marks and Nos. Container Nos. Seal Nos.</td><td colspan="2">11. Number and Kind of Packages；Description of Goods，Unit No.</td><td>12. Gross Weight</td><td>13. Measure-ment</td><td>14. Customs Acquittal No.</td></tr>
<tr><td colspan="2">SHIPPER：
CHEVRON ORONITE PTE. LTD. 21 SAKRA ROAD，SINGAPORE 627890
CONSIGNEE：
MOBIL（NANCANG）
PETROLEUM CO. LTD.
NO. 1 PEI MA ROAD NANÇANG 215433，P. R. CHINA
NOTIFY PARTY：
MOBIL（NANCANG）
PETROLEUM CO. LTD.
NO. 1 PEI MA ROAD NANCANG 215433，P. R. CHINA
FRIEGHT PREPAID：
SHIPPERS'S LOAD STOW & COUNT
CONTAINERS SEALED
（CN）00LU1230548
（SN）48630，48631
（CN）00LU1233188
（SN）48636，48637
（CN）00LU1236145
（SN）48633，48634</td><td>OOLL
3893
3300</td><td>N/M</td><td colspan="2">3 TANKS
3×20' ISOTANK CONTAINER
STOCK3196
LUBRICATING OIL ADDITIVE

* * TOTAL：</td><td>67，545.00
KGS

67，545.00
KGS</td><td>70.000CBM

70.000CBM</td><td></td></tr>
</table>

（2）素材 2：补充资料

No. of original B（s）/L：THREE

CY/CY FCL/FCL

ON BOARD

DATE OF SHIPMENT：9 JAN，2010

QUANTITY：3TANKS

B/L SHOWING ORDER NO. 32000217OI

2. 需要填写的单据

多式联运提单（以下表式仅为示意）

<table>
<tr><td colspan="3">（2）Shipper</td><td colspan="2" rowspan="3">（1）B/L NO.
**********有限公司
**************CO.，LTD
Port-to-port or Combined Transport
BILL OF LADING
RECEIVED in external apparent good order and condition. Except otherwise noted. The total number of containers or other packages or units shown in this bill of Lading receipt, said by the shipper to contain the goods described above. Which description the carrier has no reasonable means of checking and is not part of the bill of lading.</td></tr>
<tr><td colspan="3">（3）Consignee</td></tr>
<tr><td colspan="3">（4）Notify Party（Carrier not to be responsible for failure to notify）</td></tr>
<tr><td colspan="3">Pre-carriage by</td><td colspan="2">Place of Receipt</td></tr>
<tr><td colspan="3">（5）Ocean Vessel Voy. No.</td><td colspan="2">（6）Port of Loading</td></tr>
<tr><td colspan="2">（7）Port of Discharge</td><td>（8）Place of Delivery</td><td colspan="2">Final Destination</td></tr>
<tr><td rowspan="2">（9）Marks & Nos.
containers
seal No.</td><td rowspan="2">（10）No. of Containers or p'kgs</td><td colspan="2">（11）Kind of Packages：Description of Goods</td><td>（12）Gross Weight
（13）Measurement</td></tr>
<tr><td colspan="2">Description of Contents for Shipper's</td><td>Use Only
（CARRIER OF RESPONSIBLE）</td></tr>
<tr><td>（14）
TOTAL NO.
CONTAINERS
OR PACKAGES
（IN WORDS）</td><td></td><td colspan="2"></td><td></td></tr>
</table>

续表

<table>
<tr><td rowspan="2">Ex. Rate:</td><td>Prepaid at</td><td></td><td>Payable at</td><td>（15）Place and Date of Issue</td></tr>
<tr><td>Total Prepaid in</td><td></td><td>（16）No. of Original B（s）/L</td><td>Signed for the Carrier</td></tr>
</table>

物流师（国际货代）（三级）操作技能鉴定

试题评分表及答案

考生姓名：　　　　　　　　　准考证号：

1. 试题评分表

试题代码及名称		3.1.5 国际多式联运运输操作		考核时间（min）	10
编号	评分要素	配分	分值	评分标准	得分
1	海运多式联运提单	10	10	填写错 1 处扣 1 分，扣完为止	
合计配分		10		合计得分	

考评员（签名）：

2. 参考答案

多式联运提单

Shipper

CHEVRON ORONITE PTE. LTD. 21 SAKRA ROAD,

SINGAPORE 627890

Consignee

MOBIL（NANCANG）PETROLEUM CO. LTD.

NO. 1 PEI MA ROAD NANCANG 215433,

P. R. CHINA

Notify Party（Carrier not to be responsible for failure to notify）

MOBIL（NANCANG）PETROLEUM CO. LTD.

NO. 1 PEI MA ROAD NANCANG 215433,

P. R. CHINA

B/L NO. OOLL38933390

中海集装箱运输有限公司

Combined Transport

BILL OF LADING

RECEIVED in external apparent good order and condition. Except otherwise noted. The total number of containers or other packages or units shown in this bill of Lading receipt, said by the shipper to contain the goods described above. Which description the carrier has no reasonable means of checking and is not part of the bill of lading.

续表

<table>
<tr><td colspan="2">Pre-carriage by</td><td colspan="4">Place of Receipt
MALARA</td></tr>
<tr><td colspan="2">Ocean Vessel
MED TAICHUNG</td><td colspan="2">Voy. No.
VOY：MTG008</td><td colspan="2">Port of Loading
SINGAPORE</td></tr>
<tr><td colspan="2">Port of Discharge
SHANGHAI，CHINA 或 SHANGHAI</td><td colspan="4">Place of Delivery Final Destination
NANCHANG，CHINA 或 NANCHANG</td></tr>
<tr><td>Marks & Nos.
Containers Seal No.
N/M
（CN）00LU1230548
（SN）48630，48631
（CN）00LU1233188
（SN）48636，48637
（CN）00LU1236145
（SN）48633，48634</td><td>No. of containers or P'kgs
3TANKS</td><td colspan="2">Kind of Packages：Description of Goods
3×20ISO TANK CONTAINERS
STOCK3196
LUBRICATING OIL ADDITIVE
ORDER NO.：32000217OI
3X20'TK
CY/CY FCL/FCL</td><td>Gross Weight
67545KGS
SHIPPED & CONTAINER（S）</td><td>Measurement
70CBM 或 70 m³
LOAD STOW COUNT</td></tr>
<tr><td colspan="6">Description of Contents for Shipper's Use Only（CARRIER OF RESPONSIBLE）</td></tr>
<tr><td colspan="6">（14）TOTAL NO. CONTAINERS OR PACKAGES（IN WORDS） SAY THREE TANKS ONLY 或 THREE TANKS ONLY</td></tr>
<tr><td rowspan="2">Ex. Rate：</td><td>Prepaid at</td><td colspan="2">Payable at</td><td colspan="2">Place and Date of Issue
SINGAPORE，9 JAN，2010</td></tr>
<tr><td>Total Prepaid in</td><td colspan="2">No. of Original B（s）/L
THREE（3）或 THREE</td><td colspan="2">Signed for the Carrier
盖签单章</td></tr>
</table>

物流师（国际货代）（三级）操作技能鉴定

试　题　单

试题代码：4.1.1。

试题名称：进口报关操作。

考核时间：15 min。

1. 操作条件

(1) 计算机（装有国际货代管理系统）。

(2) 素材：背景资料、发票、装箱单、海运提单、进口货物报关单。

2. 操作内容

根据给定素材完成以下内容：填写进口货物报关单，如果素材没有给出的栏目，不需填写。

3. 操作要求

(1) 操作过程中所有涉及的单据，应根据要求在国际货代管理系统内填写完整规范。

(2) 试题要求涉及的其他信息，请在系统内查询使用。

(3) 所有操作完成后，请仔细确认并保存有关结果。

物流师（国际货代）（三级）操作技能鉴定

素材及相关单据

1. 素材提供的资料

（1）素材 1：背景资料

上海先施国际贸易公司（海关注册编号 3122210214）凭进料加工手册 C22107102414 进口染色尼龙布 22178（列手册 3 项），该产品经加工后复出，收货人是上海长宁区永红服装厂。运输工具于 2007 年 9 月 12 日申报进境。并且委托上海外运于次日向上海浦江海关（2201）申报。运保费：4 000 美元/180 美元；法定计量单位：米，HS CODE 54074200。

（2）素材 2：发票

长城国际有限公司

CHANGCHENG INTERNATIONAL LIMITED

Room 1001 Yardley Commercial Building . 10/F

1－6 Connaught Road West，Hong Kong

Tel：(852) 25436986 Fax：(852) 28151342

INVOICE

Date：September 4，2007

Invoice No. ：TON2007－47 (D)

To：Shanghai Xianshi International Trade Corp. Bai Shu Mansion，1230 Zhongshan Road No. 1

Rols	Description of Goods	Qty. Yards	Unit Price USD per Yard	Amount CIF Shanghai US
114	230T Nylon Trilobal Crinkle PD/WR/EMBOSS width：55/56 ´ ´ GG－2 Black 5623 yards GG－13 Green 4445 yards GG－14 Greydish Blue 4329yards GG－12 Navy 5308 yards	22178	1. 07	23730. 46
114		22178		23730. 46

SAY U. S. DOLLARS TWENTY THREE THOUSAND SEVEN HUNDRED THIRTY & CENTS

FORTY SIX ONLY

Packing：Standard Export Packing in Finish 50 yds. Up false cut across

Contract No.：2007－STAI－01

L/C No.：MV GULF SPIRIT V－002－1

Port of Loading：Keelung，Taiwai（via Hong Kong）

Destination：Shanghai，China

Shipment Date：on/abt 26 August 2007

B/L NO.：KEESH708450K02

Marks & Nos：SL－373B

For and on behalf of
CHANGCHENG INTERNATIONAL LIMITED
长城国际有限公司

（3）素材3：装箱单

长城国际有限公司

CHANGCHENG INTERNATIONAL LIMITED

Room 1001 Yardley Commercial Building. 10/F

1－6 Connaught Road West，Hong Kong

Tel：（852）25436986 Fax：（852）28151342

PACKING LIST

Date：September 4，2007

Invoice No.：TON2007－47（D）

To：Shanghai Xianshi International Trade Corp.

Rols	Description of Goods		Qty. Yards	Gross Weight	New Weight	Measurement
114	230T Nylon Trilobal Crinkle PD/WR/EMBOSS 染色尼龙布 22178 width：55/56 ʹʹ	GG－2 Black 5623 yards GG－13 Green 4445 yards GG－14 Greydish Blue 4329yards GG－12 Navy 5308 yards	22178	2218.54KGS	2217.40KGS	4.52 M^3 1YD＝0.9144M
114			22178	2218.54	2217.40	4.52

Packing：Standard Export Packing in Finish 50 yds. Up false cut across

Contract No.：2007－STAI－01

L/C No.：MV GULF SPIRIT V－002－1

Port of Loading：Keelung，Taiwai（via Hong Kong）

Destination：Shanghai，China

Shipment Date：on/abt 26 August 2007

B/L NO.：KEESH708450K02

Marks&Nos：SL－373B

For and on behalf of

CHANGCHENG INTERNATIONAL LIMITED

长城国际有限公司

（4）素材 4：海运提单

Bill of Lading

<table>
<tr><td colspan="2">Shipper
SHIT LOONG ENT CO.，LTD</td><td>B/L No.
KEESH708450K02</td></tr>
<tr><td colspan="2">Consignee
TO ORDER OF SHANGHAI SHENG TAI INTERNATIONAL TRADE CORP.</td><td rowspan="5">PORT TO PORT OR COMBINED TRANSPORT
RECEIVED by the carrier as specified below in apparent good order and condition unless otherwise stated，the goods shall be transported to such place as agreed，authorized or permitted herein and subject to all the terms and conditions whether written，typed，stamped，printed，or incorporated on the front and reverse side hereof which the Merchant agrees to be bound by accepting this Bill of Lading，any local privileges and customs notwithstanding.
ORIGINAL</td></tr>
<tr><td colspan="2">Notify Party
SHANGHAI XIANSHI INTERNATIONAL TRADE CORP.，16/F，BAI SHU MANSION 1230 ZHONG SHAN BEI YI LU，SHANGHAI 200437，CHINA</td></tr>
<tr><td>Precarriage by *</td><td>Place of Receipt *</td></tr>
<tr><td>Vessel Voy. No.
GULF SPIRIT002－1</td><td>Port of Loading
KEELUNG，TAIWAN</td></tr>
<tr><td>Port of Discharge
HONG KONG</td><td>Place of Delivery *
SHANGHAI，CHINA</td></tr>
</table>

续表

PARTICULARS FURNISHED BY THE MERCHANT			
Container No. /Seal No. Marks & Numbers SL－373B ICTNR OOLU3157264/ 20/2250KGS/ CY－CFS/PAR 114ROLLS/ 2218. 54KGS/ 4. 520M^3 FREIGHT PREPAIDCY－CFS	No. of Containers or Packages Description of Goods SHIPPER'S LOAD & COUNT，SAID TO CONTAIN GROUP2：AS PER SALS CONTRACT NO. SL－373B（REF：4B) 230T NYLON TRILOBALCRINKLE PD/WR/EMBOSS WIDTH：55/56 INCHES L/C NO：01－173603－3	Gross Weight 2218. 54KGS	Measurement 4. 52CBM

TOTAL NUMBER OF CONTAINERS OR PACKAGES（IN WORD） PART OF ONE CONTAINER ONLY

Freight & Charges	Rate	Unit	Prepaid	Collect FREIGHT COLLCET

Excess Value Declaration		Temperature Control Instructions
Prepaid at	Payable at	
Number of Original Bills of Lading THREE		IN WITNESS of the number of original Bills of Lading stated above have been signed，one of which being accomplished，the other（s） to be void. PANDA INT'L TRANSPORTATION CO. LTD FOR THE CARRIER
Place of Issue TAIBEI，TAIWAN		
Date of Issue AUG 26，2007		

2. 需要填写的单据

进口货物报关单（以下表式仅为示意）。

中华人民共和国海关进口货物报关单

预录入编号：　　　　　　海关编号：

进口口岸	备案号	进口日期	申报日期
经营单位	运输方式	运输工具名称	提运单号
收货单位	贸易方式	征免性质	征税比例

许可证号	起运国（地区）		装货港	境内目的地
批准文号	成交方式	运费	保费	杂费
合同协议号	件数	包装种类	毛重（千克）	净重（千克）
集装箱号	随附单据			用途

标记唛码及备注

项号	商品编码	商品名称、规格型号	数量及单位	原产国（地区）	单价	总价	币值	征免

税费征收情况

录入员　录入单位	兹声明以上申报无讹并承担法律责任	海关审单批注及放行日期（签章）
报关员		审单　审价
单位地址	申报单位（签章）	征税　统计
邮编　电话	填制日期	查验　放行

物流师（国际货代）（三级）操作技能鉴定

试题评分表及答案

考生姓名：　　　　　　　　准考证号：

1. 试题评分表

试题代码及名称		4.1.2 进口报关操作		考核时间（min）	15
编号	评分要素	配分	评分标准		得分
1	进口报关单	10	填错一处扣 1 分，扣完为止		
合计配分		10	合计得分		

考评员（签名）：

2. 参考答案

中华人民共和国海关进口货物报关单

预录入编号：　　　　　　　　海关编号：

进口口岸 浦江海关 2201		备案号 C22107102414		进口日期 2007.09.12	申报日期 2007.09.01
经营单位 先施国际贸易公司 3122210214		运输方式 水路运输或 2		运输工具名称 GULF SPIRIT/002－1	提运单号 KEESH708450K02
收货单位 长宁区永红服装厂		贸易方式 进料对口或 0615		征免性质 进料加工或 503	征税比例
许可证号	起运国（地区）台湾金马关税区			装货港香港	境内目的地
批准文号	成交方式 CIF 或 1		运费 502/4000/3	保费 502/180/3	杂费
合同协议号［17］ 2007/STAI－01	件数［18］ 114		包装种类 ［19］卷	毛重（千克）［20］ 2 218.54	净重（千克）［21］ 2 217.40
集装箱号 OOLU3157264/20/2250	随附单据［23］				用途

标记唛码及备注　　SL－373 B

续表

<table>
<tr><td colspan="3">项号［25］商品编码［26］商品名称、规格型号［27］数量及单位［28］原产国（地区）［29］单价［30］总价［31］币值［32］征免［33］</td></tr>
<tr><td colspan="3">01 54074200 染色尼龙布 WIDTH：55/5620279.56 米 台湾 1.07 23730.46 USD 或美元或 502 全免
03 22178 码</td></tr>
<tr><td colspan="3">税费征收情况</td></tr>
<tr><td>录入员 录入单位</td><td rowspan="2">兹声明以上申报无讹并承担法律责任</td><td>海关审单批注及放行日期（签章）</td></tr>
<tr><td>报关员</td><td>审单 审价</td></tr>
<tr><td>单位地址</td><td>申报单位（签章）</td><td>征税 统计</td></tr>
<tr><td>邮编 电话</td><td>填制日期</td><td>查验 放行</td></tr>
</table>